D1746317

LEBENSBILDER DES MITTELALTERS

WOLFGANG METZGER

HANDEL UND HANDWERK

des Mittelalters im Spiegel der Buchmalerei

Akademische Druck- u. Verlagsanstalt
Graz/Austria
2002

Die Deutsche Bibliothek – CIP-Einheitsaufnahme

Metzger, Wolfgang:
Handel und Handwerk des Mittelalters im Spiegel der Buchmalerei /
Wolfgang Metzger. – Graz : Akad. Dr.- und Verl.-Anst., 2002
ISBN 3-201-01781-7

Schutzumschlag und Buchgestaltung:
Akademische Druck- u. Verlagsanstalt, Graz
Reproduktion: reprotec, Judendorf-Straßengel
Druck u. Bindung: Druckerei Theiss GmbH, A-9431 St. Stefan

ISBN 3-201-01781-7

Printed in Austria

Vorwort zur Reihe

Die vor Jahrhunderten in der meditativen Stille klösterlicher Skriptorien oder der regen Betriebsamkeit höfischer und städtischer Werkstätten entstandenen und über diese Jahrhunderte hinweg in der Abgeschiedenheit von Bibliotheken gehüteten Werke der mittelalterlichen Buchkunst gehören zu den großen Schätzen der abendländischen Kultur. Die Fülle des erhaltenen Materials ist so groß, daß daraus ein umfassender Überblick über die Genese, Entwicklung und die inneren Gesetzmäßigkeiten der Buchmalerei, jene eigenständige Kunstform, die von der Spätantike bis zum ausgehenden Mittelalter blühte, gewonnen werden kann. Doch neben gesicherten Erkenntnissen über stilistische Entwicklungen hat die künstlerische Ausstattung von Handschriften noch mehr zu bieten, nämlich eine quantitativ nicht zu fassende Vielzahl an historischen Bezügen.

Zunächst muß man sich vor Augen halten, daß in einer Zeit, in der das Buch in erster Linie das „Buch der Bücher", die Heilige Schrift, meint, der künstlerische Schmuck von religiösen Bildthemen beherrscht war. Bei der Auswahl und Darstellungsweise der Miniaturen zum biblischen Geschehen aus dem Alten und Neuen Testament und der damit verbundenen Motive waren die Buchmaler an bestimmte Konventionen, festgelegte künstlerische Topoi, gebunden. In der Detailausführung jedoch und auf den „Nebenschauplätzen", in der Gestaltung von Randleisten, Kalendarien, Initialen u. a. stand den Künstlern schon früh mehr Freiraum zur Verfügung. Und gerade hier – und naturgemäß noch viel mehr in den später beliebter werdenden Handschriften profanen Inhalts – zeichnen sie ein reichhaltigeres, bunteres Bild vom mittelalterlichen Alltagsleben, als archäologische Forschung und das Studium zeitgenössischer Texte es je vermitteln könnten.

Diesen reichen Fundus an primären Bildquellen will die Reihe „Lebensbilder des Mittelalters" nutzen. Dabei soll die Buchmalerei gleichsam als Spiegel, in dem sich mittelalterlicher Alltag abbildet, fungieren.

Jeder Band wird der Behandlung eines kulturhistorisch interessanten Themas vorbehalten sein: Die Arbeit in den Skriptorien und die Bedeutung von Büchern für die mittelalterliche Gesellschaft, Liebe und Erotik, Festkultur, Essen und Trinken, Musik, die medizinische Versorgung im Mittelalter, Tiere und Pflanzen, der Teufel in der Vorstellungswelt des mittelalterlichen Menschen – dies sind nur einige der für die Reihe in Planung befindlichen Aspekte.

Die einzelnen Bände der Reihe werden den eindrucksvollen Beweis dafür antreten, daß die Meisterwerke der Buchkunst und ihre originellsten Bildschöpfungen nicht nur von einem hohen ästhetischen Reiz sind, sondern nahezu jede Miniatur unzählige Detailinformationen enthält, die unsere Kenntnis vom Leben im Mittelalter um die eine oder andere faszinierende Facette zu bereichern vermögen.

Inhalt

Buchmalerei

DIE ANFÄNGE

Die Malereien in den Handschriften des europäischen Mittelalters sind die am besten und zahlreichsten erhaltenen Bilder, vielleicht sogar insgesamt die am breitesten überlieferten Zeugnisse dieser Epoche. Trotz immenser Verluste durch Wasser, Feuer, Krieg und Zerstörungen aller Art sowie durch die Weiterverarbeitung der Materialien, vor allem des Pergaments, läßt sich heute noch ein annähernd repräsentatives Bild von der Buchkultur des Mittelalters gewinnen, ganz im Gegensatz zu anderen wichtigen Bereichen wie der Wandmalerei oder der Goldschmiedekunst, zumal des Früh- und Hochmittelalters. Hier künden nur noch sehr wenige, heute oft isoliert stehende Werke vom einstigen Reichtum.

Die Wurzeln der mittelalterlichen Buchkunst reichen zurück in die Zeit der Antike. Allerdings hatten die Umbrüche der Völkerwanderung die Zahl der antiken Schriftwerke drastisch reduziert. Zudem war Papyrus ein Schriftträger, der durch Feuchtigkeit und Benutzung schließlich dem Zerfall ausgesetzt war. Man rechnet für eine regelmäßig benutzte Schriftrolle aus Papyrus mit einer Lebensdauer von lediglich 25 Jahren, bei seltener Benutzung dürfte sich das Material länger gehalten haben. Die Buchkunst der Spätantike ist uns daher heute nur noch in wenigen Beispielen greifbar. Im wesentlichen haben sich nur diejenigen Texte des Altertums erhalten, die im frühen Mittelalter auf Pergament abgeschrieben wurden. Erst als das Pergament den fragilen Papyrus ersetzte und das gebundene Buch, der „Codex“, an die Stelle der Schriftrolle trat, wurden die Voraussetzungen für die langfristige Erhaltung von Büchern in Europa erheblich besser. Um die Wende vom 4. zum 5. Jahrhundert gewann das Pergament endgültig die Oberhand und sollte sie für ein rundes Jahrtausend behalten. Aus dieser Zeit stammt der „Vergilius Vaticanus“, der wohl wichtigste, wenigstens in Teilen erhaltene, illustrierte Codex der Spätantike (Abb. 1)[1]. Für besondere Zwecke war Papyrus allerdings länger in Gebrauch. Die Urkunden der fränkischen Merowinger etwa werden erst ab dem 7. Jahrhundert auf Pergament geschrieben. Die Päpstliche Kanzlei vollzog den Wechsel noch erheblich später. Die ersten Jahrhunderte des Mittelalters, etwa bis zum Beginn des 8. Jahrhunderts, sahen zunächst vor allem in den Mittelmeerländern die Reste der antiken Kultur als Ausgangspunkte für eine neue Epoche.

In Spanien, Südfrankreich, Italien und Griechenland (Byzanz) konnte sich die Buchkultur halten und den neuen Gegebenheiten anpassen. Schriftsteller wie Boethius (um 475–524) am Hof Theoderichs in Ravenna, Cassiodor (um 490–583) oder auch Isidor von Sevilla (um 560–636) schufen Werke, die über Jahrhunderte die Hinterlassenschaft der ausgehenden Antike und des römischen Christentums weitertragen sollten. Vor allem Boethius wirkte auch als wichtiger Vermittler der griechischsprachigen Wissenschaft ins lateinische Mittelalter. Während diese im Altertum einen selbstverständlichen Teil jeder höheren Bildung darstellten, verfügte schon Isidor nicht mehr über weitergehende Kenntnisse der griechischen Literatur. Später treten die britischen Inseln als Brückenköpfe der lateinisch-

[1] Vergilius Vaticanus, Vatikan, Bibliotheca Apostolica Vaticana, Cod. Vat. lat. 3225, fol. 13r, um 400. Auf der rechten Seite wird der Bau der Stadt Karthago dargestellt, wobei oben vor allem der Kran mit Tretmühlen-Antrieb von Interesse ist (vgl. Taf. 24). Außerdem sieht man etliche Steinmetzen, die mit Hammer und Meißel die am Boden liegenden Marmorquader bearbeiten.

Abb. 1: Aeneas und Achates entdecken das im Aufbau befindliche Karthago.

christlichen Kultur im Norden hervor. In den irischen und angelsächsischen Klöstern des 7. und 8. Jahrhunderts entstanden Handschriften, vor allem mit dem Text der Evangelien, deren ornamentale Schönheit und Eigenständigkeit noch heute begeistern. Die bekanntesten sind das „Book of Durrow", das „Book of Lindisfarne" und das „Book of Kells". Darstellungen, denen wir direkte Auskünfte über das Leben in dieser Zeit entnehmen könnten, enthalten sie in der Regel jedoch nicht, obwohl eine für die frühe angelsächsische Buchmalerei immens wichtige Handschrift, der sogenannte „Codex Amiatinus", ein sehr lebendig wirkendes Bild eines Autors vor seinem Bücherschrank zeigt (Abb. 2).[2]

Von den wohl niemals sehr zahlreichen Büchern des frühen Mittelalters, noch unmittelbar den Traditionen der ausgehenden Antike verbunden, über die Werke der romanischen Epoche mit ihren zahlreichen Reflexen der byzantinischen Kultur, bis zu den oft prachtvollen Spätwerken des 16. Jahrhunderts reicht eine ungeheure Spannweite an graphischer und malerischer Gestaltung. Zwar liegt bis mindestens zum 12. Jahrhundert, also in der Zeit des Früh- und Hochmittelalters, der Schwerpunkt eindeutig auf ornamentalem Buchschmuck und

[2] Die früheste vollständige lateinische Bibel, die sich erhalten hat: Florenz, Biblioteca Medicea Laurenziana, Ms. Am. 1, um 700–716. Die Darstellung zeigt zunächst den Propheten Ezra, vermutlich ist jedoch auch Cassiodor gemeint, nach dessen berühmter Bibel der Codex gestaltet wurde (fol. Vr).

Abb. 2: Der Prophet und Schriftgelehrte Ezra.

auf hochgradig stilisierten Darstellungen zu Themen aus den Bereichen der Religion wie des Zeremoniells und der Selbstinszenierung der Herrscher, doch zeigen sich schon früh zaghaft Ansätze, auch auf die profanere sichtbare Wirklichkeit zu verweisen. Der Evangelist als Schreiber, Noah beim Bau der Arche, die Errichtung des Turms von Babel oder der Herrscher als Stifter vor der Baustelle waren Themen, die schon früh Gelegenheit boten, auch die Realität von Handwerk und Gewerbe ins Bild zu bringen oder doch so zu versinnbildlichen, daß der zeitgenössische Betrachter es verstand. Selbständige Darstellungen von Handel und Handwerken außerhalb der Sphäre der Klöster kommen auch im hohen Mittelalter äußerst selten vor. Wozu hätte man etwa die mühsame Arbeit eines Webers oder eines Gerbers im einzelnen wiedergeben sollen? Anders ist es freilich bei der Darstellung zweier arbeitender Zisterzienser aus dem 12. Jahrhundert (Taf. 1). Die mühsame Arbeit bei der Waldrodung demonstriert sehr

eindrücklich das vom Orden angestrebte asketische Leben – Zisterzienserklöster wurden bevorzugt an abgelegenen, unbesiedelten Orten erbaut.
Früh treten jedoch Bilder der Buchmaler selbst auf, die Reihe der Beispiele beginnt schon im 10. Jahrhundert. Eine Handschrift des Apokalypsenkommentars des Beatus von Liebana aus dem spanischen Kloster Tavara, vollendet im Jahr 970, weist eine Miniatur auf, die drei Mönche bei der Arbeit im Skriptorium zeigt. Man sieht den Glockenturm des Klosters mit den Glockenseilen zum Läuten und auch Leitern, um im Inneren des Turmes emporzusteigen. Daran anschließend blickt man ins Skriptorium, einen Raum im ersten Stock, wo ein Mönch schreibt, ein weiterer Pergament zuschneidet und ein dritter mit einem Zirkel arbeitet. Die Miniatur ist leider schlecht erhalten, eine 1220 angefertigte Kopie gibt die Darstellung jedoch zuverlässig wieder (Abb. 3).[3] Das Bild liefert eine gewisse Vorstellung vom Gebäude und zeigt mehrere Personen mit der Herstellung eines Buches beschäftigt. Arbeitsteilung bei den verschiedenen Produktionsschritten ist somit wohl vorauszusetzen. Detailliertere Informationen gibt uns das Bild jedoch nicht.
Frühe Beispiele finden sich auch von individuellen Selbstdarstellungen der Buchmaler, häufig in der Haltung eines Betenden, klein vor der von ihnen hauptsächlich dargestellten heiligen Person. So beispielsweise der hl. Dunstan, Abt des englischen Klosters Glastonbury und später Bischof von Canterbury, von dem sein Biograph berichtet, er habe ein Bild anfertigen und Buchstaben gestalten können. In seiner wahrscheinlich eigenhändigen Zeichnung sehen wir ihn als kleines Mönchlein zu Füßen einer formatfüllenden Christusgestalt.[4] Auch von dem im 11. Jahrhundert lebenden Bischof Osmund von Salisbury wird berichtet, „er habe sich nicht geschämt" eigenhändig zu schreiben und sogar Bücher zu binden. Die Hervorhebung des Chronisten macht dabei klar, daß solche handwerklichen Arbeiten für einen Bischof, also einen der höchsten Würdenträger des Landes, völlig unüblich waren. Auch wenn sich ein Maler ausdrücklich selbst darstellte oder er eine ihm bekannte Person ins Bild brachte, entstanden keine Bildnisse, denen im modernen Sinn „Portraitähnlichkeit" zu eigen waren. Erst im „Herbst" des Mittelalters finden sich Bilder, die eine bestimmte Person mit ihren individuellen Merkmalen darstellen. Im frühen und hohen Mittelalter werden vor allem Funktion, Rang oder Stand des Abgebildeten dargestellt, er erscheint als Bischof oder Mönch, als König oder Kriegsmann.
Außerhalb der Sphäre der Klöster und Domkirchen sowie ganz weniger Zentren von Macht und Bildung bleiben Bücher noch für lange Jahrhunderte sehr selten, zumal die großen Klöster zunächst die Heimat der Gelehrten, Schreiber und Buchmaler sind. Die Bedeutung der jeweiligen monastischen Zentren wechselte dabei durchaus im Laufe der Zeit. Auch die Prachthandschriften für Herrscher entstehen zumeist in den klösterlichen Skriptorien. Der Schwerpunkt liegt auf den zentralen Texten des Christentums: der Bibel mit ihren wichtigsten Teilen, den Evangelien, Psalmen, der Schöpfungsgeschichte sowie einigen für Ethik und religiöses Denken besonders relevanten Büchern wie dem Hohen Lied mit seinen ausführlichen theologischen Kommentaren, dem Buch Hiob oder der Geschichte der exemplarischen Herrschergestalten, der Könige David und Salomon, nicht zuletzt der Apokalypse. Kaum minder geachtet und verbreitet sind die Schriften der Kirchenväter, allen voran Augustinus (354–430), dessen Buch

[3] New York, Pierpont Morgan Library, M. 429, fol. 183r.
[4] Oxford, Bodleian Library, Ms. Auct. F. 4.32, fol. 1r, Mitte des 10. Jahrhunderts.

Abb. 3: Skriptorium des Klosters Tavara.

vom „Gottesstaat“ (De civitate dei) von Karl dem Großen am höchsten geschätzt wurde, oder Papst Gregor der Große. Auch die antike, vor allem lateinische Literatur hat ihren Platz in den Skriptorien. Neben der Sprache selbst schätzt man antike Wissenschaft und Technik, wiewohl Bücherwissen und praktische Kenntnis nach dem Untergang des römischen Reiches bald vielfach auseinanderklaffen. In den karolingischen Bildungszentren waren noch etliche antike Handschriften verfügbar, die heute nicht mehr existieren. Sie waren auch wegen ihrer künstlerischen Ausgestaltung hoch verehrte und oft kopierte Vorbilder. So können die Kopien der karolingischen Epoche oftmals eine Vorstellung vom Aussehen der antiken Vorbilder vermitteln.

Ebenfalls von höchster Wertschätzung und oft exquisiter Ausstattung sind die zur Liturgie gehörenden Codices. Die umfassende Gestaltung von Messe, Chorgebet und Festen in den großen Klöstern ist die bei weitem am höchsten entwikkelte Kunstform der Epoche. Architektur, Malerei, Kunsthandwerk in Gold, Elfenbein, Seide und Juwelen, die Musik, Dichtkunst und schließlich die Inszenierung des Zusammenspiels aller Elemente schaffen ein Gesamtkunstwerk, lange bevor der Begriff selbst ins Dasein tritt. Herrliche, von der Zeit kaum berührte Handschriften mit ihren Texten und Bildern sowie einige heute vielfach veränderte, mehr oder weniger ruinöse oder doch ihrer Pracht beraubte Bauwerke sind zumeist alles, was davon erhalten ist. Von den anderen Werken überlebten in der Regel nur wenige verstreute Stücke. Der raffinierten Pracht der Klöster von den alten Benediktinerabteien zu den im 10. und 11. Jahrhundert reformierten Abteien des Cluniazenserordens tritt schließlich die erneuerte Askese der Zisterzienser entgegen.

Immer noch aber sind Klöster und Bischofssitze mit ihren Kirchen, Schulen und Verwaltungszentren die Träger des intellektuellen Lebens und damit der Buchkultur. Allerdings haben wir schon ab dem 11. und zunehmend dann aus dem 12. Jahrhundert auch Nachricht von Laien, die als bezahlte Buchmaler für ihre Auftraggeber tätig sind. So ist für das frühe 11. Jahrhundert ein lombardischer Maler namens Nivardus im französischen Kloster Fleury nachweisbar. Als Laie dürfte er eher die Möglichkeit gehabt haben zu reisen und seine Kenntnisse in andere Landschaften weiterzutragen, als die im Prinzip auf Seßhaftigkeit (stabilitas loci) verpflichteten Mönche. Im übrigen wurde die handwerkliche Tätigkeit im Kloster schon von Benedikt von Nursia (480–543), dem Gründer des Benediktinerordens im Jahr 529 geregelt. Ein Mönch darf demnach seinem Handwerk in aller Bescheidenheit nachgehen, sofern der Abt ihm dies vorher gestattet hat. Wenn aber einer auf sein Können stolz ist und sich einbildet, dem Kloster zu nützen, dann soll man ihn von diesem Handwerk entfernen. Hier klingt die Sorge an, der geschickte Kunsthandwerker könne stolz auf seine Fähigkeiten werden und sich so von der mönchischen Demut vor Gott entfernen. Die Selbstdarstellung eines monastischen Malers, selbst als kniender Beter, konnte demnach leicht auf Kritik stoßen. Dennoch sind solche Darstellungen nicht allzu selten.

Eine heute in der Staatsbibliothek Bamberg befindliche Handschrift aus dem Bamberger Kloster Michaelsberg wurde mit einem „Titelblatt“ versehen, das die Entstehung eines Codex im klösterlichen Skriptorium veranschaulicht (Abb. 4).[5] Die zehn Medaillons zeigen verschiedene Arbeitsschritte bei der Herstellung der Handschrift. Die beiden obersten Bilder links und rechts stellen den Schreiber beim Zuschneiden der Feder und den Rubrikator beim Auftragen der Farbe vor Augen. Dabei scheint der Rubrikator gleichzeitig als Korrektor zu fungieren, denn er vergleicht den Text mit einer weiteren Handschrift, offenbar der Vorlage. Das Messer in seiner Hand dient dazu, fehlerhafte Stellen vom Pergament zu kratzen, die Feder für das Einfügen des korrekten Textes klemmt hinter seinem Ohr. Die jeweils drei senkrecht darunter liegenden Medaillons verdeutlichen die vorbereitenden Arbeiten. Direkt unter dem Schreiber sieht man, wie Notizen oder ein Konzept mit dem Griffel auf wachsbeschichtete Schreibtäfelchen geschrieben werden – seit der Antike das übliche Verfahren für kurzlebige Aufzeichnungen und Konzepte. Darunter schabt der mit der Pergamentherstellung betraute Mönch die aufgespannte Schafshaut und reinigt so Haar- und Fleischseite von noch anhängenden Resten. Darunter wird ein Brett als Buchdeckel zu-

[5] Bamberg, Staatsbibliothek, Ms. Patr. 5, fol. 1v, um die Mitte des 12. Jahrhunderts im Bamberger Kloster Michaelsberg geschrieben.

Abb. 4: Die das zentrale Bildfeld mit dem Erzengel Michael umgebenden Medaillons illustrieren verschiedene Arbeitsschritte bei der Herstellung eines Codex.

gerichtet. Rechts, in der Spalte unter dem Rubrikator, sieht man ganz unten, wie die Metallbeschläge mit dem Hammer auf einem kleinen Amboß geformt werden, darüber werden die Pergamentblätter zugeschnitten und zu Lagen zusammengelegt. Zu diesem Arbeitsschritt gehört auch das Markieren von Linien und Seitenrand. Darüber kann man den Buchbinder an der Lade erkennen, der die Lagen auf Bünde heftet. Die beiden mittleren Medaillons oben und unten zeigen das fertige Buch, oben scheint der Leser des Buches den aufgeschlagenen Codex und somit den Text vorgeführt zu bekommen, unten dient die Handschrift einem Lehrer zur Unterweisung seines Schülers. Im rechteckigen Mittelfeld steht der Erzengel Michael als Patron des Klosters übergroß auf dem Giebelfeld des Gebäudes. In drei Arkaden sowie im Dreieck des Giebels sieht man Mönche anbetend zu ihm aufblicken. Am nächsten ist dem Engel jedoch der Maler, der den Giebel mit Farbe versieht. Er ist es, der uns dies alles mit seiner Kunst erst anschaulich vor Augen führen kann. Alle beteiligten Personen sind hier durch Tonsur und Habit als Mönche gekennzeichnet. Das Kloster scheint somit alle notwendigen Arbeiten vollständig selbst zu erledigen, einschließlich der Vorbereitung der Materialien. Dies war nicht immer der Fall, wie man aufgrund der schriftlichen wie bildlichen Überlieferung weiß.

DIE ZEIT DER ENTFALTUNG – DAS HOCHMITTELALTER

Die Vorherrschaft der Klöster als geistige und wissenschaftliche Zentren wie als Vorhut des zivilisatorischen Fortschrittes bleibt bis weit ins hohe Mittelalter unangefochten (vgl. Taf. 1, 3–4). Dies beginnt sich erst im Laufe des 12. Jahrhunderts langsam zu verändern. Die Konsolidierung Mitteleuropas, also eines Gebietes, das im wesentlichen die heutigen Länder Großbritannien, Frankreich, Italien, die Benelux-Staaten, Deutschland, die Alpenländer (noch ohne die eigentlich hochalpinen Landschaften) und das Baltikum umfaßt, beschleunigte sich in dieser Zeit gewaltig. Der kulturelle und wirtschaftliche Tiefstand nach dem Zerfall des Karolingerreiches und den daraus resultierenden regionalen Machtkämpfen und den Einfällen von außen war überwunden: der Bau von Straßen und Brükken schreitet voran, Städte werden gegründet oder entwickeln sich weiter, Wissenschaft und Technik fassen Fuß. Neue Dynastien übernehmen die Macht, die Staufer im deutsch-römischen Reich, das Haus Plantagenet in England und großen Teilen des heute französischen Festlandes. Schließlich, gegen Ende des Jahrhunderts, gewinnt das französische Kapetingerreich unter Philipp II. Auguste eine herausragende Stellung. Für die Buchkunst war vor allem die Entstehung neuer Macht- und Bildungszentren in den Städten von Bedeutung. Kathedralschulen in den Bischofsstädten übernehmen die Führungsrolle gegenüber der monastischen Ausbildung. Paris wird endgültig zum Zentrum Frankreichs, hier wie in Oxford und Salerno entstehen ab der Mitte des 12. Jahrhunderts die ersten Universitäten – eigenständige Hochschulen mit umfassendem Lehrangebot.

Die ebenfalls um diese Zeit einsetzende neue Welle von Übersetzungen aus dem Griechischen und vor allem aus dem Arabischen ins Lateinische stellt neue Texte und Kenntnisse zur Verfügung, die sich teils aus dem Fundus des antiken Wissens, teils aus neueren Erkenntnissen speisen. Die arabische Überlieferung hatte antike Texte, zum Teil in Übersetzungen, bewahrt, die in Europa verloren gegangen waren und nun wiederum aus dem Arabischen ins Lateinische übersetzt wurden. Die Grenzgebiete zur arabischen Welt in Spanien und Süditalien spielen hier im 12. und vor allem im 13. Jahrhundert naturgemäß eine wichtige Rolle. Die Werke des Aristoteles – von zentraler Bedeutung für die kommenden Jahrhunderte – finden so neue Verbreitung. Aber auch die arabische Wissenschaft mit ihren neueren, über die antiken Grundlagen hinausgehenden Erkenntnissen wird eifrig aufgenommen. Medizin und Naturwissenschaften bis hin zu Mathematik, Astronomie und Astrologie der arabischen Autoren werden durch Übersetzungen nach und nach für die lateinisch sprechende und schreibende wissenschaftliche Gemeinschaft Europas zugänglich. Mathematische Begriffe wie „Algebra" aber auch viele bis heute gebräuchliche Namen für die Fixsterne stammen aus dem Arabischen. Die „arabischen Zahlen" wurden jedoch über arabische Schriften lediglich vermittelt, ihr Ursprung liegt in Indien.

Auch die bloße Zahl derer, die Lesen und Schreiben können und so als Träger einer Buch- und Schriftkultur überhaupt in Frage kommen, wächst immer weiter an. Für die Zeit um 1200 schätzt man den Anteil der Lesekundigen auf unter 5 Prozent der Bevölkerung. Um 1500 dürften sie in den mitteleuropäischen Städten schon in der Überzahl gewesen sein. Doch bleibt die gesamte Kultur noch lange in erster Linie kirchlich geprägt. Die Intellektuellen der Epoche sind in der Regel Mönche oder Kleriker, auch wenn sie in einem Umfeld tätig sind, das wir heute keinesfalls als kirchlich oder überhaupt religiös geprägt verstehen, wie die Kanzlei eines Herrschers oder die Universität. Auch die Bevölkerung insgesamt ist in einem Wachstum begriffen, das sich immer weiter beschleunigt. Selbst der gewaltige Einbruch der Bevölkerungszahl durch die große Pest im 14. Jahrhundert wurde erstaunlich schnell überwunden. Erst der 30jährige Krieg sollte die Zunahme – zumindest in Mitteleuropa – zunächst stoppen.

Das 12. Jahrhundert sieht auch die erste Phase eines unaufhaltsamen Aufstiegs der Städte und ihrer Kultur. Die italienischen Stadtstaaten gewinnen als erste weitergehende Selbständigkeit. Aber auch im heute französischen Bereich, in Flandern und in den deutschen Städten entwickeln sich Eigenständigkeit und Wirtschaftskraft. Die kommenden Jahrhunderte des späten Mittelalters und der Renaissance bringen eine Hochblüte der europäischen Metropolen, die dennoch in ihren Bevölkerungszahlen sehr weit hinter den heute erreichten Dimensionen zurückbleiben. In politischen und wirtschaftlichen Zentren wie Paris, in den Universitätsstädten Oxford oder Bologna, aber auch in Köln lassen sich seit dem 13. Jahrhundert Werkstätten nachweisen, die Bücher auf Bestellung herstellen, auf Wunsch auch mit aufwendiger Buchmalerei. In der Folgezeit geht der bei weitem überwiegende Teil der illuminierten Handschriften aus städtischen Buchmalereiwerkstätten hervor. Die Produktion der Klöster reicht zwar in vielen Fällen durchaus weiter, spielt schließlich jedoch nur noch eine marginale Rolle. Allerdings ist auch mit einzelnen Malern oder kleinen Teams zu rechnen, die für entsprechende Aufgaben zu ihren Auftraggebern kommen und dort arbeiten, sowie bei Wandmalereiaufträgen.

Eine der berühmtesten Darstellungen hochmittelalterlicher Schreiber und Maler bei der Arbeit findet sich in einer Augustinushandschrift in der Kapitelbibliothek in Prag (Abb. 5).[6] Der Schreiber Hildebertus wird bei der Arbeit von einer Maus gestört, die sich hinter seinem Rücken an seine Mahlzeit heranmachen will. Allerdings hat sie dabei offenbar eine Schüssel zum Kippen gebracht, so daß das darauf liegende Hühnchen zu Boden fällt und Hildebertus gewarnt wird. Er dreht sich um und schickt sich an, den erstbesten Gegenstand nach dem Störenfried zu werfen. Seine Worte dabei hat er als Text im aufgeschlagenen Buch, beziehungsweise in der gerade geschriebenen Lage, wiedergegeben: Elende Maus, du reizt mich allzu oft zum Zorn. Daß dich Gott doch verderben möge (*pessime mus, sepius me provocas ad iram, ut te deus perdat*). Das Schreibpult ist aufwendig gestaltet, mit einem geschnitzten Löwen als Ständer.

[6] Augustinus, De civitate dei, Prag, Kapitelbibliothek, Cod. A 21, fol. 153a, 12. Jahrhundert.

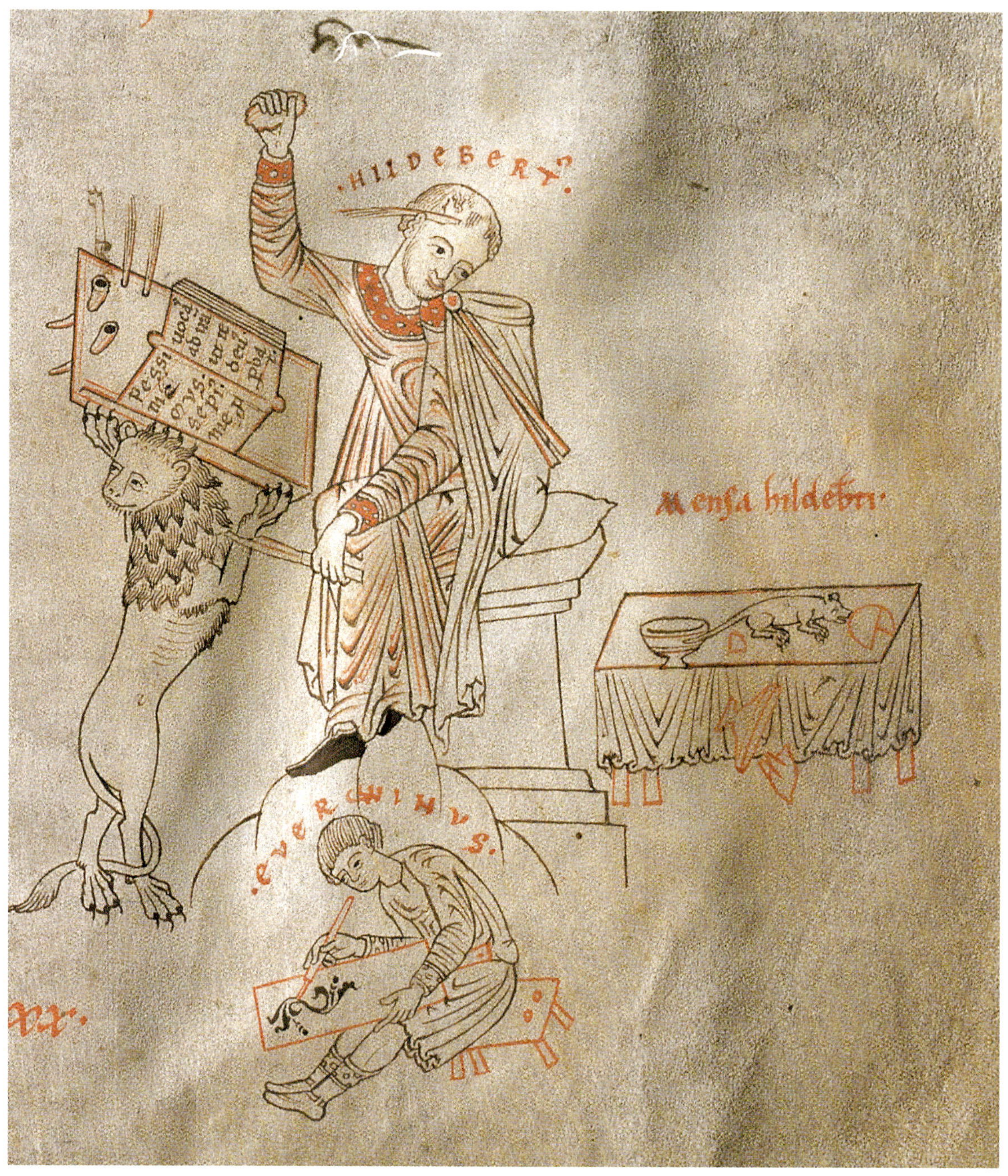

Abb. 5: Hildebertus und sein Gehilfe Everwinus bei der Arbeit im Skriptorium.

Daß dieses Detail nicht unrealistisch sein muß, zeigt der Vergleich mit einem Lesepult aus dem 12. Jahrhundert, das sich in Freudenstadt im Schwarzwald erhalten hat und dessen Platte auf vier Evangelistenfiguren ruht. Auf dem Pult des Hildebertus sind in entsprechenden Öffnungen zwei Tintenhörnchen, zwei Schreibfedern und ein Federmesser untergebracht. Eine weitere Schreibfeder steckt hinter seinem Ohr. Auf einem Schemel im Vordergrund aber sitzt der Gehilfe Everwinus und übt sich in Rankenmalerei. Die Kleidung der beiden mit auffälligen Schmuckborten, weist sie nicht als Mönche aus, sondern als weltliche Kunsthandwerker. Daß in Klöstern ab dieser Zeit zuweilen Spezialisten von außen, aus der weltlichen Sphäre, beschäftigt wurden, ist auch an anderen Beispielen belegbar.

HÖHEPUNKTE DER BUCHKUNST – DAS SPÄTE MITTELALTER

Das 13. Jahrhundert war im Bereich der bildenden Künste geprägt von der Blüte und Ausbreitung der gotischen Architektur und der mit ihr eng verbundenen Bildhauerei und Glasmalerei. Die Buchkunst zeigt zunächst weiterhin deutlich die Merkmale der romanischen Epoche und der Vorbilder aus dem byzantinischen Bereich. Schließlich setzen sich jedoch auch hier neue Tendenzen durch. Bedeutende Zentren sind Paris und Bologna mit ihren Universitäten von europäischem Rang. Aber auch klösterliche Zentren und Bischofssitze bleiben aktiv, etwa im deutschen Bereich oder auch in England. Im thüringisch-sächsischen Raum sind Halberstadt, Magdeburg und Hildesheim, am Rhein Köln, Mainz, Straßburg und Konstanz sowie im Südosten Würzburg, Bamberg, Augsburg, Regensburg und Salzburg wichtige Zentren. Das südenglische Kloster St. Albans war beispielsweise der Wirkungsort einer außergewöhnlich vielseitigen Persönlichkeit. Der Mönch Mathew Paris (Matthaeus Parisius) trat nicht nur als bedeutender Chronist hervor sondern auch als Schreiber und als einer der herausragenden Buchmaler seiner Zeit.

Im damaligen Frankreich, mit Schwerpunkt auf der Île-de-France und dem Norden, konnten adelige Auftraggeber schon früh auf städtische Buchmaler zurückgreifen, vor allem natürlich in Paris, das seit der Zeit Philipps II. Auguste (1180–1223) zum beherrschenden Zentrum wurde. Viele Handschriften für Personen des Hofes wurden wohl in den Werkstätten der Stadt geschaffen. Auch wenn Buchmaler für bestimmte Projekte fest engagiert wurden, sich verpflichteten, in dieser Zeit keine anderen Aufträge anzunehmen und am Hof aus und ein gingen, blieben sie doch in der Regel selbständig. Die Reihe der königlichen Bibliophilen und wichtigen Auftraggeber für die Schreiber und Buchmaler des 13. und 14. Jahrhunderts setzt mit König Ludwig IX., dem Heiligen, von Frankreich (1226–1270) ein. Sein Chronist berichtet uns über den Anstoß, den „Saint Louis" hierzu aus dem Bereich der arabischen Buchkultur und der von Herrschern dort aufgebauten Bibliotheken erhalten hatte: „Als der gute König Ludwig jenseits des Meeres weilte, erfuhr er, daß der große Herrscher der Sarazenen auf eigene Kosten alle Bücher, die den Gelehrten des Landes nützlich sein konnten, heraussuchen, abschreiben und seiner Bibliothek einverleiben ließ. Da er sah, daß die Söhne der Finsternis weiser schienen als die Kinder des Lichts, nahm sich der gute König vor, nach seiner Rückkehr nach Frankreich alle Bücher über die Heilige Schrift, die sich in den verschiedenen Abteien seines Königreiches befinden, abschreiben zu lassen. Die Sammlung, die er auf diese Weise zusammenbringen wollte, sollte nicht nur ihm, sondern in gleicher Weise allen gelehrten und gottesfürchtigen Männern seines Hofes dienen." So entstand im Königspalast von Paris, nahe der noch heute zu bewundernden Sainte Chapelle und gleich bei der königlichen Schatzkammer gelegen, eine reiche Bibliothek, die nicht nur theologische Handschriften enthielt, sondern durchaus die gesamte Kultur der Zeit repräsentierte.

Nach Ludwigs Tod sollten die Bücher an bestimmte Klöster verteilt werden. Später wurden sie zum Teil als Reliquien des heilig gesprochenen Königs verehrt. Beispiele für Prachthandschriften aus dem Besitz Ludwigs bieten etwa die New

Yorker Blätter der „Bibel Ludwigs des Heiligen“ oder der berühmte Psalter in Paris.[7]

Auch der Stauferkaiser Friedrich II., der überwiegend in Süditalien und Sizilien – also unmittelbar an der Grenze zum arabischen Kulturraum – lebte, spielte eine große Rolle für die Buchkultur der Folgezeit. Bei ihm war es vor allem das Interesse an den Naturwissenschaften, das zur Übersetzung von ursprünglich antiken und von genuin arabischen Werken ins Lateinische führte. Zu nennen ist hier der auch in Spanien und in Bologna aktive Gelehrte Michael Scotus, dessen Übersetzung und Bearbeitung einer arabischen Einführung in die Astrologie, der „liber introductorius“, eine der einflußreichsten Schriften auf diesem Gebiet wurde. Berühmt ist jedoch auch das von Friedrich selbst verfaßte Buch über die Falkenjagd, „de arte venandi cum avibus“, mit seinen hervorragenden Illustrationen.[8]

Ein herausragendes Beispiel für eine höfische Werkstatt des 13. Jahrhunderts ist schließlich das für Alfonso X., den Weisen, von Kastilien arbeitende Atelier. Alfonso betätigte sich selbst als Autor, förderte maßgeblich Übersetzungen wissenschaftlicher Texte aus dem Arabischen und sorgte für die Herstellung umfangreich illustrierter Handschriften für seine Bibliothek. Die genaue Untersuchung der Werke, von denen mehrere in unvollendetem Zustand erhalten blieben, läßt dabei eine erstaunlich differenzierte Arbeitsteilung der Maler vermuten. Es scheint, als habe es in dieser Werkstattgemeinschaft Spezialisten für bestimmte Bildgegenstände gegeben, die in den Miniaturen zusammenarbeiteten. Ein Miniator etwa malte aufwendige Architekturen, ein weiterer vor allem Tierdarstellungen und so fort. Eine derartige Produktion war wohl vor allem für einen königlichen Bibliophilen möglich, der Handschriften mit Hunderten von Miniaturen in Auftrag gab. Mit Alfonsos Tod löste sich diese außergewöhnliche Produktionsgemeinschaft hochklassiger Spezialisten auf, etliche Bücher blieben unvollendet.

Auch die großen königlichen Büchersammlungen des 14. Jahrhunderts blieben – nach heutigen Maßstäben – doch recht überschaubar. Als Karl V. von Frankreich im Jahr 1380 starb, hinterließ er etwa eintausend Bände. Allerdings handelte es sich dabei zu einem ungewöhnlich hohen Prozentsatz um ausgesprochen hochwertig geschriebene und ausgestattete Werke, die auch einen immensen materiellen Wert darstellten. Im Deutschen Reich stand dem zunächst nichts Vergleichbares zur Seite. Allerdings sollte König Wenzel IV. in Prag bald dem Vorbild des Kapetingers folgen. Bei einem Staatsbesuch in Paris mit seinem Vater, dem deutschen Kaiser Karl IV., im Frühjahr 1378 hatte Wenzel reichlich Gelegenheit, die Schätze des französischen Königs zu bewundern. Dieser führte seinen Staatsgästen die Pracht seiner Residenzen und natürlich auch die Kostbarkeiten von Schatzkammer und Bibliothek in aller Ausführlichkeit vor, worüber wir durch die „Grandes Chroniques de France“ – die offizielle Staatschronik – gut unterrichtet sind. Die Bibliothek des als Herrscher langfristig wenig erfolgreichen Wenzel sollte schließlich im deutschen Kulturraum unübertroffen bleiben. Der bei allen persönlichen Schwächen hochgebildete und vielseitig interessierte Wenzel gehört zweifellos zu den großen unter den bedeutenden Bücherliebhabern des 14. Jahrhunderts.

Ein literarisches Denkmal der Liebe zu den Büchern verdanken wir jedoch einer ganz anderen Persönlichkeit, dem Bischof der nordenglischen Diözese Durham,

[7] New York, Pierpont Morgan Library, Ms. M240 (Faksimile: Graz 1995) sowie Paris, Bibliothèque Nationale, ms. lat. 10525 (Faksimile: Graz 1972).

[8] Vatikan, Bibliotheca Apostolica Vaticana, Cod. Pal. lat. 1071 (Faksimile: Graz 1969).

Richard de Bury. Sein „Philobiblon“,[9] geradezu das Hohe Lied des spätmittelalterlichen Büchersammlers, ist auch eine hochinteressante kulturgeschichtliche Quelle. Richard de Bury berichtet darin, wie er selbst in Rom und Paris Bücher gekauft hat. Doch auch über professionelle Händler in Deutschland, Italien, Frankreich und natürlich in England hat er die von ihm gesuchten Werke bezogen. Leider hat sich von der so zusammengetragenen Bibliothek praktisch nichts erhalten. Neben einer Vielzahl von unterhaltsamen kulturgeschichtlichen Streiflichtern liefert das Philobiblon doch auch wichtige Einblicke in eine Buchkultur, die keine wesentlichen regionalen Schranken kannte, sondern von einer engen Verbindung zwischen den europäischen Landschaften geprägt war. Die Entwicklung des sogenannten internationalen Stils um 1400 wurde in der Buchmalerei durch den regen Austausch von Büchern vorangetrieben, nicht zuletzt jedoch auch dadurch, daß sich Buchmaler oftmals als höchst mobil erwiesen. Schon im frühen 14. Jahrhundert lassen sich englische Buchmaler in Paris nachweisen. Jean Pucelle, einer der wichtigsten Pariser Meister, hatte Italien bereist und zeigt in seinen Werken deutlich, daß das dort Gesehene nicht ohne Eindruck auf ihn geblieben ist. Immer wieder finden sich juristische Handschriften in der für Bologna typischen Schrift, der „littera Bononiensis“, deren Miniaturen den Stil von Paris, von London oder anderen Gegenden aufweisen. Italienische Schrift mit Pariser Malerei findet sich zum Beispiel in einer Decretalen-Handschrift in Oxford aus dem frühen 14. Jahrhundert. Wenig später entstand ein Codex desselben Textes mit italienischer Schrift und englischer Malerei, die sogenannten „Smithfield Decretalen“.[10] Auch wenn man die Schrift der Bologneser Rechtshandschriften im 14. Jahrhundert möglicherweise auch in Paris und anderen Orten schrieb, dürften doch etliche Handschriften von Studenten unvollendet mit nach Hause gebracht worden sein, erst dort haben sie dann ihren Schmuck erhalten. Auch Bücher, deren Ausmalung in Italien begonnen und in Nordeuropa zu Ende geführt wurde, sind bekannt. So brachte auch das renommierte Studium der Rechte im fernen Italien immer wieder Anschauungsmaterial für die dortige Buchkunst in den Norden. Auch italienische Tafelbilder wurden in Nordeuropa gehandelt und lassen sich beispielsweise in englischen Inventaren und Testamenten nachweisen. Schließlich waren italienische Maler im fernen Prag aktiv. Bei einigen Handschriften wurde lange darum gestritten, ob sie italienischen oder böhmischen Ursprungs sind. So waren es nicht nur angrenzende Landschaften wie Flandern und Nordfrankreich, die Niederlande und das Rheinland oder Oberitalien und Südfrankreich, die sich gegenseitig künstlerisch befruchteten, sondern auch so weit entfernte wie Böhmen, Italien und England.

HERBST DES MITTELALTERS

Das 15. Jahrhundert brachte Handschriften in großer Zahl und von sehr unterschiedlichem Aussehen hervor. Die Pariser Buchmalerei blühte weiterhin und führte die im vorhergehenden Jahrhundert entwickelten Schmuckformen zu großer Pracht. Die Miniaturen gewannen eine neue Dimension durch die erweiterten Möglichkeiten der Raumdarstellung und öffneten sich bald wie Fenster zu

[9] Richard de Bury, Philobiblon oder über die Liebe zu den Büchern, herausgegeben von Erhard Walter, übersetzt von Alfred Hartmann, Leipzig 1989; eine zweisprachige Ausgabe erschien 1955: Ricardus de Bury. Philobiblon oder über die Liebe zu den Büchern. Ins Deutsche übertragen von Alfred Hartmann, Basel 1955 (herausgegeben von der Schweizerischen Bibliophilen-Gesellschaft).

[10] Bodleian Library, Ms. Laud Misc. 307 und London, British Library, Royal Ms. 10. E. IV.

einer eigenen Bildwelt. Vor allem die flämischen und niederländischen Buchmaler waren hier führend und bereiteten der aufstrebenden Kunst der Tafelmalerei den Weg. Die Werke Jan van Eycks und seiner Nachfolger wären ohne die vorausgehende Entwicklung der Buchmalerei kaum denkbar. Schließlich waren es an erster Stelle die Herzöge von Burgund, die in den neu hinzugekommenen Herrschaftsbereichen im Norden durch ihre Aufträge für eine unvergleichliche Blüte der späten Buchmalerei sorgten. Deutliche Reflexe der französischen und niederländischen Entwicklung findet man auch im deutschen Raum. Doch kommt hier auch ein anderer Typ von Bilderhandschrift zu besonderer Bedeutung, der meist großformatige Papierhandschriften mit zahlreichen Illustrationen umfaßt. Die Bilder sind dabei mit der Feder gezeichnet und in hellen, aquarellartigen Farben koloriert. Zu nennen sind dabei vor allem die elsässischen Werke aus der sogenannten Werkstatt des Diebold Lauber. Aber auch in anderen Gegenden, vornehmlich Süddeutschlands, aber auch Thüringens, entstanden vergleichbare Werke. In Böhmen mit dem Zentrum Prag führte man ebenfalls den Stil des späteren 14. Jahrhunderts weiter. Vor allem die aufwendigen Bordüren aus Blattranken und Blüten verbreiteten sich auch nach Westen bis zum Rhein und nach Österreich.

Eine eigene, vom Norden Europas deutlich unterschiedene Entwicklung kann man dagegen in Italien feststellen. Schon im 14. Jahrhundert hatte sich ein verstärktes Interesse an der Sprache und der Kultur des antiken Rom entwickelt. Die herausragende Persönlichkeit dieses frühen, vor allem toskanischen Humanismus war Francesco Petrarca (1304–1374). Die Suche nach möglichst korrekten, authentischen Abschriften der lateinischen Klassiker führte ihn, und viele nach ihm, in die alten Bibliotheken und zu den Büchern des frühen und hohen Mittelalters. So war es nur konsequent, daß man bald begann, die entdeckten Schriften des 8. bis 12. Jahrhunderts, die man zumindest der Form nach für antik hielt, nicht nur sorgfältig abzuschreiben, sondern auch hinsichtlich der Schrift und der Schmuckformen zu kopieren. Die karolingische Minuskel gelangte so als Humanistenschrift zu neuen Ehren. Daß die Texte der Karolingerzeit heute für die meisten Menschen viel leichter lesbar sind als die der gotischen Epoche, verdanken wir dem Umstand, daß unsere heutigen, allesamt auf der sogenannten Antiqua basierenden Druckschriften aus dieser „wiederbelebten" karolingischen Schrift entwickelt wurden. Während man für die Schriftform auf eine relativ frühe Ausprägung zurückgriff, wählte man für Initialen eine verbreitete Schmuckform der romanischen Epoche. Die „Weißrankeninitialen" der humanistischen Codices ab dem frühen 15. Jahrhundert wurden vor allem nach dem Vorbild der Rankeninitialen des 11. und 12. Jahrhunderts gestaltet. Die Ausarbeitung zu prächtigen Rankenbordüren wiederum entsprach voll und ganz den Gepflogenheiten der eigenen Zeit. Der Kombination von Elementen weit auseinanderliegender historischer Epochen zum Trotz entstanden so Handschriften von großer Harmonie und außerordentlichem ästhetischem Reiz.

Eine besondere Spätblüte findet man auch im Umkreis der Habsburger Kaiser der Zeit um 1500. Die Werkstatt der Lehrbücher Maximilians gewinnt nicht nur durch ihre Miniaturen Bedeutung, sondern durch die Entwicklung einer Schriftform, der sogenannten Fraktur, die vor allem für den Buchdruck Verwendung fand. So sehen wir die Buchmalerei zumal im österreichischen und süddeutschen Raum noch im frühen 16. Jahrhundert auf einem letzten Höhepunkt. Das Ende kam letztlich durch die radikale Umgestaltung der Buchkultur durch die absolute Herrschaft gedruckter Werke und durch die Entwicklung des Buchholzschnittes und neuer Schmuckformen für Initialen und Titel. Nachdem zunächst auch gedruckte Bücher in herkömmlicher Art mit Buchmalerei geschmückt worden waren, ging man dazu über, in der Regel Text und Illustrationen in einem Arbeitsgang zu drucken. Da die Schöpfer der Holzschnitte in vielen Fällen jedoch auch aus dem Kreis der traditionellen Illustratoren und Buchkünstler hervorgegangen sein dürften und zudem die von Hand produzierten Bände als Vorlagen dienten, setzten sich auch hier die Traditionslinien zunächst fort.

VOM PERGAMENT ZUM PAPIER

Vom 13. bis zum 15. Jahrhundert vollzieht sich auch eine andere Veränderung, die von erheblicher Bedeutung für Buch- und Schriftkultur sein sollte: das Aufkommen des Papiers als Schriftträger an Stelle des Pergaments. Obwohl hiermit zunächst keine so grundlegende Umwälzung einherging wie beim Wechsel von der Schriftrolle zum gebundenen Codex, blieb die neue Entwicklung nicht ohne Folgen. Der Beschreibstoff stand nun in größeren Mengen zur Verfügung und wurde langfristig billiger. Schließlich gewannen auch neue, bisher weniger prominente Illustrationsformen an Bedeutung, im deutschen Bereich etwa die farbig lavierte Federzeichnung. Auch die im frühen 15. Jahrhundert neu aufkommenden Drucktechniken – Holzschnitt und Kupferstich sowie um die Mitte des Jahrhunderts der Buchdruck – fanden im Papier erst den geeigneten Träger. Das Papier gehört zu den zivilisatorischen Errungenschaften, die über den arabischen Kulturbereich nach Europa gelangten. Sein Ursprung liegt im fernen China, von wo es im 7. und 8. Jahrhundert durch die arabische Expansion in den islamisch bestimmten Raum gelangte. Noch vor 1100 ist es im normannischen Palermo belegt und im 12. Jahrhundert im arabisch beherrschten Spanien, wo um 1150 auch die Produktion beginnt. Die frühesten mitteleuropäischen Papierhandschriften wurden auf spanisches Papier geschrieben. Im 13. und verstärkt im 14. Jahrhundert verbreitet sich die Papierherstellung in Italien und erreicht um 1390 schließlich auch Deutschland. Die ersten Papiermühlen produzierten hier bei Nürnberg und in Ravensburg. Erst im 15. Jahrhundert übernahm das Papier die Vorherrschaft. Auch weiterhin wurde jedoch Pergament für wertvolle Handschriften verwendet. Glänzende Vergoldungen etwa lassen sich auf Papier kaum erzielen, und auch den feinen Farbauftrag, den gutes Pergament erlaubt, findet man bei Papierhandschriften nicht.

DIE BUCHHERSTELLUNG ALS HANDWERK

Die Frage, wie man sich nun die Herstellung einer Handschrift mit Miniaturen vorstellen muß, wieviele Personen dabei beteiligt sind und wie die Arbeit organisiert ist, läßt sich nicht allgemeingültig beantworten.[11] Das Schreiben des Textes, die Ausführung von Bildern und ornamentaler Malerei sowie das Einbinden

[11] Zu den Techniken und Methoden der Buchmaler siehe vor allem: Jonathan J. G. Alexander, Medieval Illuminators and their methods of work, New Haven 1992; zu den technischen Aspekten: Heinz Roosen-Runge, Buchmalerei, in: Reclams Handbuch der künstlerischen Techniken, Bd. 1, 2. Auflage Stuttgart 1988, S. 55–123.

des fertigen Buches sind jedoch in aller Regel voneinander klar getrennte Arbeitsschritte, die jeweils von Spezialisten ausgeführt werden. Weitere Arbeitsteilungen lassen sich in vielen Fällen nachweisen. Daß nach dem Textschreiber ein sogenannter Rubrikator (von „rubrum“ lat. rote Farbe) Überschriften, Anfangsbuchstaben und einfachere Schmuckelemente in Rot oder auch weiteren Farben einfügt, war wohl die Regel. Die Bilder, Zeichnungen oder farbige Malereien werden vom Miniator (von „minium“, einer hellroten Farbe – die antike und mittelalterliche Bezeichnung kann sich sowohl auf Bleimennige als auch auf Zinnober beziehen) im Normalfall zum Schluß eingefügt. Allerdings gibt es hierbei Ausnahmen. So kommt es vor, daß bei Darstellungen, die ohne Rahmung eng vom Text umflossen werden, erst das Bild gemalt oder gezeichnet und dann erst der Text den Umrissen folgend eingetragen wird. Auch der Fall, daß der Rubrikator seine rote Farbe in das fertige Bild hineinsetzt, kommt vor, etwa bei einer Handschrift mit figürlichen Darstellungen der Sternbilder, wo er nicht nur die Anfangsbuchstaben eingetragen, sondern ebenso die roten Punkte für die Sterne in den Bildern hinzugefügt hat. Dabei scheinen zuerst die Bilder angefertigt worden zu sein, dann der Text und zum Schluß die Initialbuchstaben und Sterne.[12]

Feststellen lassen sich solche Abweichungen vom üblichen Arbeitsablauf jedoch zumeist nur an Stellen, wo es zu Überdeckungen kommt, oder an unvollendeten Seiten, bei denen nur Text oder nur Bilder fertiggestellt wurden. Derjenige, der die Handschrift plant, muß also normalerweise dafür ausreichend Platz im Schriftspiegel der Seiten vorsehen und jeweils festlegen, was der Maler dort darstellen soll. Oft kann man noch heute die schriftlichen Anweisungen für den Maler lesen, zumeist auf den Seitenrändern. In vielen Fällen dürften sie jedoch unter der Farbe verborgen sein. Auffällig dabei ist, daß diese Anweisungen und Notizen gar nicht so selten in lateinischer Sprache geschrieben wurden. Selbst bei einem deutschsprachigen Werk, wie etwa der Wenzelsbibel aus dem späten 14. Jahrhundert (vgl. Taf. 24–27), sind die Angaben zu den zu malenden Bildern in Latein gehalten. Offenbar waren lateinische Sprachkenntnisse auch bei den weltlichen Buchmalern der Städte durchaus verbreitet, so daß sie den Text der illustrierten Werke auch lesen konnten. Dennoch sind Fälle, in denen der Maler die Anregung für eine Miniatur unmittelbar aus dem Text gewann, die Ausnahme. Meistens folgte er Vorlagen, die er entweder als Werkstattmuster oder aber im Gedächtnis parat hatte. Im 15. Jahrhundert lassen sich dann in einigen Fällen auch weitergehende Arbeitsteilungen erkennen, etwa zwischen Ornament- und Miniaturmalern. Auch die aufwendigeren, mit der Feder in Schwarz, Blau oder Rot gezeichneten filigranen Verzierungen der Initialbuchstaben, das „Fleuronnée“ (von frz. lettre fleuronnée – mit Blüten bzw. Linienornamentik verzierter Buchstabe), dürfte oft Spezialistenarbeit gewesen sein. Von der außergewöhnlichen Arbeitsteilung am Hofe Alfons des Weisen von Kastilien war bereits die Rede.

Schließlich wurden vor allem umfangreiche Werke auf mehrere Schreiber und Maler verteilt, deren individuelle Merkmale des Stils oder der Handschrift man oft noch deutlich erkennen kann. Die städtische Buchproduktion des Spätmittelalters war letztlich ein ganz normales Handwerk und hatte eine dementsprechende Organisationsstruktur. Außer den Schreibern, Malern und Buchbindern

[12] Durham, Cathedral Library, Ms. Hunter 100, fol. 61v-64v, England, 12. Jahrhundert.

gab es offenbar auch „Verleger", die die Vermittlung zwischen dem Kunden, der ein Buch bestellte, und den einzelnen Spezialisten herstellte. In vielen Fällen dürften dies Leute gewesen sein, die auch mit Pergament, Papier, Tinten und all den anderen Dingen handelten, die man zum Schreiben brauchte. Auch Schreiber und Maler selbst könnten oft zu solchen Organisatoren geworden sein. Daß die „stationarii" der Universitäten auch mit gebrauchten Büchern handelten, ist bezeugt. Ihre Aufgabe bestand vor allem darin, Vorlagen für das Abschreiben der benötigten Studienliteratur in der wünschenswerten Qualität bereitzustellen. So konnte ein Student, der nicht das Geld hatte, um professionell geschriebene Bücher für sein Studium zu kaufen, sich die Textvorlage für ein Lehrbuch portionsweise – in sogenannten Pecien – ausleihen, damit er es nach und nach selbst kopieren konnte. Diese gegen Gebühren ausgeliehenen Textvorlagen wurden auch von der Universität überprüft, um die Qualität sicherzustellen. Durch die überlieferten Universitätsstatuten und andere Archivalien sowie durch Untersuchungen der erhaltenen Bücher sind wir heute über dieses System recht gut unterrichtet. Die Zahl der vereidigten „stationarii" war recht begrenzt, selbst bei großen Universitäten wie Paris. Auch wer ein Buch selbst abschrieb konnte es natürlich mit Malerei ausschmücken oder Miniaturen bei einem professionellen Buchmaler einfügen lassen. Die meisten der Studientexte blieben jedoch ohne aufwendigen Schmuck. An den deutschen Universitäten war das System weniger verbreitet, dagegen ist hier das gemeinschaftliche Schreiben von Studenten nach dem Diktat einer Lehrkraft bezeugt.

Recht gut sind wir über das Buchgewerbe im Paris der Zeit um 1300 unterrichtet.[13] Daß die Stadt europaweit als Zentrum der Herstellung schöner Bücher galt, zeigen schon die Erwähnungen in der Literatur. Der Jurist Odofredus aus Bologna beispielsweise führt um 1250 eine Anekdote an, in der ein italienischer Vater seinen Sohn nach Paris an die Universität schickt. Anstatt sein Geld für nützliche Dinge auszugeben, läßt sich dieser jedoch Bücher mit goldenen Initialen und mit gemalten Affen und anderem Getier ausschmücken, worauf der Vater ihn zurechtweist. Berühmt ist die Stelle in Dantes Göttlicher Komödie, wo die Kunst erwähnt wird, die in Paris „illuminieren" genannt wird (ch'alluminar chiamata e in Parisi).[14] Interessante Informationen zu den Pariser Werkstätten bekommt man aus den Steuerlisten der Jahre 1290–1300, als Philipp der Schöne die neue Abgabe der „taille" einführte. Jeder, der in der Stadt ein Gewerbe betrieb wurde hier aufgelistet, zusammen mit seiner Adresse und seiner Steuerveranlagung. So erfährt man, daß Buchhändler, Schreiber, Buchmaler und Buchbinder vor allem an zwei Stellen der Stadt konzentriert waren. Bei der Universität, in der Rue St. Jacques, und auf der Ile de la Cité direkt vor der Kathedrale Notre Dame (im Bereich des heutigen großen Platzes vor der Hauptfassade). In der Rue neuve Notre Dame produzierte man nicht zuletzt für ein allgemeines, reiches Publikum. Der einzige Buchhändler außerhalb dieser Straßen hatte sein Geschäft vor den Toren des Louvre und dürfte wohl vor allem den Hof beliefert haben.

Die Werkstatteinheiten bei der Buchherstellung waren in der überwiegenden Mehrzahl der Fälle klein. Selten nur arbeiteten mehr als zwei Personen zusammen, dabei handelte es sich oft um Ehepaare, Vater und Sohn oder auch Mutter und Sohn – Buchmalerei war durchaus keine rein männliche Domäne

[13] Zum Pariser Buchgewerbe um 1300: Richard H. Rouse/Mary A. Rouse, The Commercial Production of Manuscript Books in Late-Thirteenth-Century and Early-Fourteenth-Century Paris, in: Medieval Book Production. Assessing the Evidence, hrsg. von Linda L. Brownrigg, LosAltos Hills (California) 1990, S. 103–115.

[14] Zu Odofredus: Robert Branner, Manuscript Painting in Paris During the Reign of Saint Louis: A Study of Style, Berkeley 1977, S. 2. Zu Dante vgl. Purgatorium, XI. Gesang, 79-81.

Abb. 6: Ehepaar bei der Buchherstellung.

(Abb. 6).[15] Da die zur Buchherstellung zusammenwirkenden Handwerke räumlich in unmittelbarer Nachbarschaft angesiedelt waren, mußte man von einer Werkstatt zur nächsten nicht weit gehen. Auch in anderen Städten fand man die einschlägigen Handwerker eng beisammen und in unmittelbarer Nähe der Universitäten. So kann man in Erfurt heute noch die Pergamentergasse in unmittelbarer Nachbarschaft des Universitätsgebäudes, des „Collegium maius", sehen. Betrachtet man die Bebauung der Londoner „paternoster row", bei der Kathedrale St. Paul, wo sich die Werkstätten der Schreiber und Buchmaler konzentrierten, so sprechen auch die Ergebnisse der archäologischen Untersuchungen dafür, daß es hier lediglich kleine Werkstätten und Wohnungen für wenige Personen gab.

In Paris kann man feststellen, daß die Buchhändler, die in der Regel auch Verleger, also Vermittler zwischen dem Kunden und den einzelnen beteiligten Spezialisten waren, zumeist auch eines der beteiligten Handwerke ausübten. Sie waren also Schreiber, Buchbinder, Maler und dazu Unternehmer, die auf Bestellung des Kunden ein Buch konzipierten, die Herstellung planten und die Arbeitsteilung durch die einzelnen Spezialisten organisierten. Sollte ein umfangreiches Werk schnell fertig sein, konnte man entsprechend viele der Kollegen und Nachbarn hinzuziehen. Alles in allem gab es in Paris in der Zeit um 1300 rund dreißig solcher „libraires", also Buchhändler-Verleger.

Während es in manchen Handwerksbereichen im 15. Jahrhundert zur Bildung großer, durchorganisierter Werkstätten mit Meister, Gesellen, Gehilfen und Lehrlingen kam, scheint es im Bereich der Buchherstellung des Spätmittelalters praktisch keine Großbetriebe gegeben zu haben. Daß dennoch eine gewisse Serienproduktion existierte, legen die erhaltenen Bücher nahe. So zeigen zum Beispiel etliche der in größerer Zahl produzierten Stundenbücher im französischen und niederländisch-flämischen Bereich sehr stereotype Merkmale. Die sogenannte „Lauber-Werkstatt" im elsässischen Hagenau war wohl in der Lage, auch umfangreiche illustrierte Werke schnell und zu wahrscheinlich relativ moderaten Preisen zu liefern. Daß dort allerdings in einem großen Werkstattbetrieb mit

[15] Roman de la rose, Paris, Bibliothèque Nationale de France, ms. fr. 25526, fol. 77v, Randillustration am Fuß der Seite („bas-de-page"), Frankreich, 14. Jahrhundert. Links ist der Mann am Schreibpult zu sehen, hinter ihm hängen beschriebene Lagen auf einer Stange, rechts erkennt man seine Frau, die Seiten mit farbigen Lombarden rubriziert, hinter ihr ebenfalls fertige Lagen auf einer Stange.

vielen Schreibern und Malern unter einem Dach gearbeitet wurde, wie man lange Zeit annahm, wird heute mit guten Gründen bezweifelt.[16] Auch dort wurden wohl eher viele kleine Einheiten durch einen „Unternehmer“ gebündelt. Ein erhebliches Maß an Arbeitsteilung, oft auch zwischen den Zeichnern und denjenigen, die die Farben auftrugen, kann man jedoch voraussetzen.
Der Umfang der Buchherstellung stieg im 15. Jahrhundert insgesamt enorm an, ab der Mitte des Jahrhunderts natürlich auch durch die neue Kunst des Drucks mit beweglichen Lettern. Der absolute Höhepunkt in der Produktion handgeschriebener Bücher in Mitteleuropa liegt jedoch eindeutig nach der Erfindung des Buchdrucks, also in der zweiten Hälfte des 15. Jahrhunderts. Der offenbar sehr hohe Bedarf an Büchern und Texten war es ja, der schließlich die Entwicklung und Ausbreitung der Druckkunst beflügelte. Für die Buchmaler war der Wechsel vom geschriebenen zum gedruckten Buch zunächst weniger gravierend, als man denken könnte. Die frühen Drucke wurden nicht selten von denselben Malern ausgeschmückt, wie ihre handschriftlichen Vorgänger. Da außerdem weiterhin auch von Hand geschrieben wurde, blieb die Buchmalerei bis mindestens um die Mitte des 16. Jahrhunderts lebendig. Auch danach verschwand weder das handgeschriebene Buch, noch die Illustration oder Dekoration von Büchern mit Malerei völlig. Dies sind jedoch schließlich nur noch Randerscheinungen. Auch gibt es praktisch keine spezialisierten Werkstätten mehr. Lediglich die großen Chorbücher für den klösterlichen Gebrauch werden noch recht lange nach traditioneller handwerklicher Methode geschrieben und illuminiert, meist auf Pergament. Diese Traditionslinie setzt sich verschiedentlich bis ins 17. Jahrhundert und vereinzelt darüber hinaus fort.

[16] Zu Lauber und den elsässischen Werkstätten des 15. Jahrhunderts: Lieselotte E. Saurma-Jeltsch, Spätformen mittelalterlicher Buchherstellung. Bilderhandschriften aus der Werkstatt Diebold Laubers in Hagenau. 2. Bde., Wiesbaden 2001.

Handwerk

DAS FRÜHE MITTELALTER

Jede produktive Tätigkeit des Menschen ist zunächst Landwirtschaft oder Handwerk. Insofern setzt die Geschichte des Handwerks mit dem Beginn der menschlichen Zivilisation ein. Die Antike kannte bereits viele spezialisierte Berufe und eine hochentwickelte Arbeitsorganisation, ohne die ihre Großbauten und die Versorgung der Metropolen kaum möglich gewesen wären. Auch die Techniken der Herstellung und Verarbeitung einer Vielzahl von Materialien, von Holz, Keramik und Metallen bis hin zu Gläsern, besonderen Farbstoffen und einer Art von Beton, waren auf hohem Entwicklungsstand. Es gab eine kaum überschaubare Zahl von hochspezialisierten Berufen. Viele der antiken Techniken verschwanden jedoch mit dem Untergang der römischen Welt. Der Niedergang der Städte und fundamentale Umwälzungen in den landwirtschaftlichen Strukturen entzogen den antiken Produktionsstätten größtenteils ihre Grundlagen. Sobald aber die Kontinuität der handwerklichen Produktion durchbrochen wurde, drohten die technischen Kenntnisse und Fertigkeiten verlorenzugehen. Auch die Nachfrage nach bestimmten Produkten schwand. So brachten beispielsweise die Jahrhunderte des frühen Mittelalters kaum mehr nennenswerte Erzeugnisse selbständiger Bildhauerei hervor. Lediglich an wenigen Stellen in Europa, vor allem in Aquitanien, heute im südwestlichen Frankreich gelegen, wurden noch Marmorsarkophage produziert, ehedem ein Standardprodukt der antiken Bildhauer. Monumentale Skulpturen finden sich erst wieder in der Kunst des hohen Mittelalters, der Romanik. Nur die Verarbeitung von Metallen behielt einen recht hohen Standard. Kesselschmiede, Erzgießer, Münzmeister, Gold- und Silberschmiede sowie Schwertfeger werden in den Quellen erwähnt und lassen sich anhand von erhaltenen Produkten nachweisen. Alles in allem nennen die frühmittelalterlichen Schriften etwa 25 verschiedene Gewerbe, ohne die landwirtschaftlichen Tätigkeiten, aber unter Einschluß von Ärzten und Gauklern. Neben der Kunst der Goldschmiede waren es vor allem die besonderen Techniken der Waffenschmiede, die nach wie vor höchst gefragt waren. Kunstvoll gefertigte Klingen aus „damasziertem“ Stahl kennen wir aus einer Vielzahl von Bodenfunden des frühen Mittelalters. Für diese hochentwickelten Waffen wurden mehrere Lagen harten, aber spröden Stahls mit ebensovielen Lagen weichem und dafür zähem Eisen zusammengeschmiedet. Die so entstandenen Stäbe konnten dann auch noch in sich verdreht und abermals zusammengeschmiedet werden. Diese anspruchsvolle und aufwendige Technik erlaubte schon damals die Herstellung von harten, dauerhaft scharfen und dennoch elastischen Klingen. Dazu kam noch der besondere ästhetische Reiz der polierten Klinge mit dem sichtbaren Muster der verschiedenen Schichten. Der überaus hohe Stellenwert und die Kostbarkeit eines guten Schwertes spiegelt sich auch in der Heldendichtung des Hochmittelalters.

KLÖSTER

Die Klöster des frühen und hohen Mittelalters waren nicht nur Zentren des geistigen Lebens, sondern oft auch überaus bedeutende „Wirtschaftsstandorte“ (Taf. 3–4). Zumal die bedeutenderen verfügten über eine Vielzahl von Werkstätten, die fast alles produzieren konnten, was von Nöten war. Der St. Galler Idealplan eines Klosters aus dem früheren 9. Jahrhundert sah auch Werkstätten und Quartiere für Handwerker vor, die innerhalb des Klosters, aber außerhalb der Klausur der Mönche lagen. Genannt werden dort etwa Schuhmacher, Sattler, Schwertfeger, Schildmacher, Drechsler, Gerber, Walker sowie Gold- und Silberschmiede. Im nordfranzösischen Corbie gab es um diese Zeit neben Goldschmieden auch Grobschmiede und Erzgießer. Das Kloster Centula in St. Riquier beherbergte besonders viele Gewerbebetriebe mit Schmieden, Schildmachern, Buchbindern, Sattlern, Bäckern, Schuhmachern, Köchen, Bierbrauern, Winzern, Tuchwalkern und Kürschnern. Auffällig ist hier, daß zwar Tuchwalker ausdrücklich genannt werden, also Handwerker, die gewebte Stoffe so bearbeiteten, daß sie eine dichte und weiche Oberfläche bekamen, aber keine Weber. Möglicherweise ist dies als Hinweis darauf zu werten, daß hier das Weben überwiegend häusliche Handarbeit war und weniger von professionellen Werkstätten betrieben wurde (vgl. Taf. 3). Auch Adelssitze hatten eigene Handwerker. Der Merowingerkönig Chilperich I. hatte in einem seiner Gutshöfe in Nogent-sur-Marne eine Goldschmiedewerkstatt, in der er sich auch selbst gelegentlich betätigt haben soll. Welche Stellung die mehrfach bezeugten Handwerker in städtischen Ansiedlungen letztlich hatten, ist heute nur schwer zu klären, denn schriftliche Nachrichten hierzu fehlen.

STÄDTE UND ZÜNFTE

Während die Produkte von Goldschmieden und anderen Kunsthandwerkern hoch geschätzt wurden und sie selbst und ihre Tätigkeit hierdurch eine gewisse Aufwertung erfuhren, war die alltägliche Arbeit in Handwerk und Landwirtschaft denkbar gering angesehen. Für die Spätantike wie die frühmittelalterlichen Führungsschichten war körperliche Arbeit gleich Mühsal und Dürftigkeit. Sie wurde in großem Maßstab von Sklaven oder doch unfreien Personen geleistet. Auch für die christliche Weltsicht blieb die Mühsal der Arbeit prinzipiell ein Übel, war sie doch die Strafe für die Sünde der ersten Menschen. Erst nach der Vertreibung aus dem Paradies mußten Adam und Eva „im Schweiße ihres Angesichtes“ ihr Brot essen. Dennoch sollte sich das geringe Ansehen der Handarbeit durch das Christentum deutlich heben. Zum einen bewirkte die Tatsache, daß das Mönchtum die manuelle Tätigkeit als Askeseleistung aufwertete ein höheres Ansehen, zum anderen wurde der Arbeit als Abwehr des Müßigganges – und somit des Lasters – ein ethischer Wert beigemessen (vgl. Taf. 1). Ein prinzipieller Wertewandel zugunsten der Gewerbe vollzog sich mit dem erneuten Aufschwung von Städten im Hochmittelalter. Diese blieben jedoch lange noch weit unter den Einwohnerzahlen des Altertums. Wo es noch antike Strukturen gab, wurden ihre Siedlungsflächen nur zum Teil genutzt. Mit dem wachsenden Umfang der städtischen Wirtschaft verband sich eine zunehmende Spezialisierung und Aufteilung in separate Berufsgruppen. Eine der auffälligsten Erscheinungen ist dabei die Bildung von Handwerksorganisationen, der Zünfte. In der Zeit um 1100 lassen sich diese Zusammenschlüsse erstmals in einigen Städten belegen. Die frühesten nachweisbaren Zünfte sind die der Weber in Mainz von 1099, die der Fischhändler in Worms von 1106, die der Schuhmacher in Würzburg von 1128 und die der Gerber im französischen Rouen vom Anfang des 12. Jahrhunderts (vgl. Taf. 3).[17] In Magdeburg ist für 1206 eine Zunft der „Schilder" nachgewiesen. Die Organisation in Zünften sollte in vielen Teilen Europas das Wirtschaftsleben bis ins 19. Jahrhundert hinein maßgeblich prägen.

Im Laufe des Hoch- und Spätmittelalters erfüllen diese Handwerksorganisationen die vielfältigsten Funktionen. Sie regeln die Aufteilung des Arbeits- und Warenmarktes, schaffen Qualitätskontrollen, legen Ausbildung und Geschäftsgründung fest, bieten ein gewisses Maß an sozialer Absicherung und bilden schließlich häufig eine Plattform zur Vereinigung der wirtschaftlichen wie politischen Kräfte. Zünfte waren damit berufsständische Interessenvertretungen innerhalb eines städtischen Gemeinwesens. Die Bedeutung und der politische Einfluß der Zünfte in einer Stadt, oder auch einer einzelnen Zunft, konnte sehr unterschiedlich sein. In einigen Fällen gelang es den Zünften, das Stadtregiment an sich zu ziehen. In anderen Städten spielten die Handwerksorganisationen eine untergeordnete Rolle. Die Stellung einer bestimmten Zunft wurde vor allem von der wirtschaftlichen Bedeutung der in ihr vertretenen Gewerke für die Stadt bestimmt. In einer Stadt, die in erster Linie von der Tuchproduktion lebte, war die entsprechende Zunft in aller Regel stark und einflußreich. Nicht jedes Handwerk und jedes Gewerbe konnte allerdings eine eigene Zunft bilden, in vielen Fällen wäre das auch gar nicht sinnvoll gewesen. Kleinere und wirtschaftlich unbedeutendere Berufsgruppen schlossen sich häufig mit anderen zusammen, um ihre Interessen wirkungsvoll vertreten zu können. Die Zusammensetzung solcher Gemeinschaftszünfte mußte nicht unbedingt mit einer technischen oder wirtschaftlichen Verbindung der vertretenen Gewerke einhergehen. In Augsburg etwa wurden 1303 aus rein politischen Gründen die Maler und Schnitzer der Schmiedezunft zugeteilt. Innerhalb größerer Zünfte konnten sodann Rotten die besonderen Interessen einzelner Berufe vertreten. Die Zunftorganisation mußte keineswegs flächendeckend sein, vor allem die als weniger bedeutend erachteten Berufsgruppen brachten es nicht überall zur Bildung einer Zunft oder zur Aufnahme in eine größere Vereinigung. In der Regel dürfte es für die etablierten Werkstätten günstig gewesen sein, zünftig organisiert zu sein und eine eigene, anerkannte Handwerksordnung zu haben, denn in vielen Fällen ist belegt, daß sich Berufsgruppen an die jeweilige Obrigkeit wandten mit dem Wunsch, sich zu organisieren oder eine Ordnung zu erhalten. Wo es eine entsprechende Zunft gab, galt jedoch Zunftzwang. Hier war es in der Regel nicht möglich, das entsprechende Gewerbe auszuüben, ohne dieser Zunft anzugehören und sich ihren Regeln zu unterwerfen.

[17] Jacques LeGoff, in: Lexikon des Mittelalters, Bd. 1, Sp. 871–874.

VON DER BRUDERSCHAFT ZUR HANDWERKSZUNFT

Als Keimzelle für die Herausbildung einer Handwerkszunft kann man, vor allem in der Frühzeit, oft eine religiöse Bruderschaft nachweisen. In solchen Bruderschaften schloß man sich zunächst zusammen, um die Sorge für das Seelenheil der verstorbenen Mitglieder zu gewährleisten. Hierfür mußte man etwa Messen lesen lassen und für eine würdige Bestattung sorgen. Aber auch das gemeinschaftliche Gebet für die verstorbenen Mitglieder war ein zentrales Anliegen. Daß man von Seiten der jeweiligen Regierenden ein solches religiöses Engagement eher akzeptierte, ja es vielleicht kaum unterbinden konnte, während ein offen politisch oder wirtschaftlich ausgerichteter Zusammenschluß auf Widerstand gestoßen wäre, mag auch eine Rolle gespielt haben. Die religiöse Funktion konnte sodann um eine soziale Komponente erweitert werden. Man kümmerte sich um erkrankte Mitbrüder und um Witwen und Waisen. Der Hintergrund war hier, daß viele Handwerker nicht in der Lage waren, für sich und ihre Familien größere Rücklagen zu bilden, mit deren Hilfe sie Schicksalsschläge hätten bewältigen können. Schließlich konnten solche Bruderschaften zu wirksamen Interessenvertretungen der jeweiligen Berufe werden. Die religiöse Komponente blieb dabei zumeist erhalten, so finanzierte und unterhielt man etwa eine eigene Kapelle in einer örtlichen Kirche und nahm geschlossen an Prozessionen teil.

Da die künstlerischen Berufe nicht von den anderen Handwerken unterschieden wurden (vgl. Taf. 39), waren beispielsweise auch Maler und Bildhauer Zunftmitglieder. Ausgangsbasis konnte hier eine St. Lukas-Bruderschaft sein, nach dem Evangelisten Lukas, von dem die Legende wissen wollte, daß er als Maler das authentische Bildnis der Jungfrau Maria geschaffen habe. Die 1348 gestiftete St. Lukas-Zeche in Prag etwa hatte einige Jahre später Bildhauer, Hersteller von Schilden, Goldschläger, Pergamentmacher und Glasmaler als Mitglieder.[18] In Basel gehörten der 1437 erneuerten St. Lukas-Bruderschaft Maler, Goldschmiede, Glaser und Sattler an, später kamen noch Hutmacher, Sporer und Tischmacher dazu. Allerdings sind die genannten Berufe nicht unbedingt mit ihren heutigen Nachfolgern zu vergleichen. So umfaßte die Berufsbezeichnung „Glaser" auch die Hersteller von farbigen Verglasungen, die wir heute eher als Glasmaler bezeichnen würden. Glasbläser jedoch waren ein hiervon deutlich geschiedener Berufsstand (Taf. 30). Auch die Produzenten von Sporen, Sätteln und Tischen waren unter Umständen hochqualifizierte Kunsthandwerker. Lüneburg, Osnabrück, München und Freiburg, um nur einige Beispiele zu nennen, hatten ebenfalls eine St. Lukas-Bruderschaft. Die Zuordnung der Florentiner Maler zur Zunft der „medici e speciali" erklärt sich ganz einfach aus der Tatsache, daß die Apotheker und „Spezereienhändler" sowohl mit den wichtigsten, oft kostbaren, Farbsubstanzen, als auch mit Medikamenten und deren Grundsubstanzen handelten (vgl. Taf. 15, 55). Möglicherweise belieferte der „Gewürzhändler", den man in Paris um 1300 in der Rue neuve Notre Dame zwischen den Werkstätten der Buchmaler findet, seine Nachbarn ebenfalls mit Farbstoffen. Zunftordnungen konnten sich jedoch nur in Städten ab einer bestimmten Größe bilden. Wo nur ein Meister einer bestimmten Sparte tätig war, hätte eine derartige Orga-

[18] Genannt werden: „sculptor, clypeator, auripercussor, membranator, vitriator", siehe: Hans Huth, Künstler und Werkstatt der Spätgotik, Darmstadt 1967 (erweiterter Nachdruck der Ausgabe von 1925), S. 7.

nisation weder Sinn noch Grundlage gehabt. Solche Betriebe waren dann zwar auf sich selbst gestellt, brauchten aber auch keine – unter Umständen beengenden – Zunftregeln zu beachten. Neben der Interessenvertretung nach außen und der Vermeidung ruinösen Wettbewerbs nach innen, gehörten auch Ausbildungsordnungen und Regeln zur Qualitätskontrolle, sowohl hinsichtlich der verwendeten Materialien als auch der angewandten Techniken. Eine „zünftige" Arbeit mußte sich so an den allgemein verbindlichen Qualitätsmaßstäben messen lassen. All diese Organisationsstrukturen, Regeln und Kontrollen bildeten sich zumeist nach und nach heraus, oft im Laufe von Jahrhunderten. Historisch fassen lassen sie sich nur dann, wenn sich geschriebene Statuten, Schriftstücke zu Rechtsstreitigkeiten, Akten oder sonstige materielle Überreste erhalten haben. Oftmals verfügen wir nur über Belege aus später Zeit, ohne genau zu wissen, wann die beispielsweise um 1500 nachweisbare Organisationsstruktur entstand und wie sie sich entwickelte.

LEHRLINGE UND MEISTER

Aus den erhaltenen Dokumenten erfährt man, daß der Weg vom Lehrling zum Zunftmeister zumeist lang und beschwerlich war, in der Regel stand er auch keineswegs jedem offen. Abhängig von Auftragslage und Konkurrenzsituation vor Ort versuchte man, die Zahl der aktiven Meister und die Größe der Werkstätten zu regulieren. Eheliche Geburt und Unbescholtenheit waren Mindestanforderungen an einen zukünftigen Lehrling. Sodann kam nicht selten eine Probezeit von einigen Wochen auf ihn zu, die zeigen sollte, ob der Kandidat für den jeweiligen Beruf auch geeignet war und – so kann man wohl vermuten – ob der Meister mit seinem Schützling auch zurecht kam. Da ein Lehrling für mehrere Jahre im Haushalt des Meisters lebte, mochte dies durchaus ein wichtiger Punkt sein. Die überlieferten Ausbildungszeiten sind recht unterschiedlich und reichen ungefähr von zwei bis zu sechs Jahren, in denen der Lehrling nicht nur lernte, sondern zunächst auch Hilfsarbeiten aller Art verrichten mußte. Die Ausbildung war in der Regel nicht kostenlos, vielmehr war das noch heute sprichwörtliche Lehrgeld zu zahlen. Zuweilen gab es jedoch für die letzte Zeit als Lehrling auch eine Bezahlung.

Die Gesellenzeit, das Wandern der Gesellen und die Gründung eines eigenen Betriebes waren in zünftigen Gewerken genau geregelt. Die Details sind dabei recht unterschiedlich, doch wurde gemeinhin verlangt, daß ein neuer Meister den üblichen Ausbildungsgang durchlaufen hatte, daß er Bürger der betreffenden Stadt war und daß er verheiratet war. Zudem mußte er in der Lage sein, die Gebühren und oft beträchtliche Nebenkosten – etwa für die festliche Bewirtung der anderen Zunftmeister – aufzubringen. Erleichterungen gab es für Meistersöhne und diejenigen, die Meisterwitwen oder -töchter heirateten. In Fällen, wo die Zahl der Meisterstellen begrenzt war, konnte es besonders für Außenstehende sehr schwer sein, sich zu etablieren. Es gibt jedoch auch Fälle, wo man sich geradezu bemühte, weitere Meister anzusiedeln. Vor der selbständigen Tätigkeit stand jedoch ab dem 15. Jahrhundert die Meisterprüfung, der Kandidat hatte von den Zunftbestimmungen genau festgelegte Stücke anzufertigen und den Zunftmeistern vorzulegen. In den früheren Jahrhunderten scheint dies jedoch noch nicht üblich gewesen zu sein. Die hohe Zeit umfangreicher und oft umständlicher Zunftregeln und der Abschottung ganzer Berufsstände gegen neue Mitglieder sollte erst nach dem Ende des Mittelalters kommen. Erst im 18. und 19. Jahrhundert wurde die Gewerbeorganisation in Europa grundsätzlich neu geregelt.

Die Spannung zwischen bürgerlicher Führungsschicht und Stadtherren prägte in vielen Fällen das politische Leben. Doch auch die Unterschichten der unqualifizierten Arbeitskräfte griffen immer wieder in die Entwicklung ein, zumal in den Umbruchzeiten wie etwa im späteren 14. Jahrhundert nach dem demographischen und wirtschaftlichen Umbruch durch den Schwarzen Tod von 1348/50.

NEUE TECHNIKEN

Das 12. und das 13. Jahrhundert, die Zeit der Entstehung und des Aufblühens der gotischen Architektur in Frankreich und bald auch in England, Deutschland und den Niederlanden, war eine Periode des starken Wachstums. Die Landwirtschaft dehnte sich auf immer größere Anbauflächen aus und verbesserte mit neuen Geräten und Methoden, vor allem der Dreifelderwirtschaft, ihre Produktivität. Wind- und Wassermühlen verbreiten sich über Europa und stellen erstmals in großem Umfang technische Kraftquellen zur Verfügung, unabhängig von menschlicher und tierischer Muskelkraft (Taf. 7, 10). Neben Getreidemühlen waren auch Schöpfwerke zur Bewässerung, Hammerwerke zur Eisenverarbeitung und weitere Anwendungen in Gebrauch. Im späteren Mittelalter kamen auch die Papiermühlen dazu, die mit Hilfe von Wasserkraft Leinenlumpen, zumeist von abgetragener Kleidung, zu einem Faserbrei zerstampften, aus dem dann die Papierbögen geschöpft werden konnten. Das gegenüber dem Pergament preiswertere Material beschleunigte zunächst die Produktion von handgeschriebenen Texten. Auch hier spielten die Materialkosten eine große Rolle. Papier war im übrigen ebenfalls keineswegs billig, sein Anteil am Preis eines Buches war jedenfalls wesentlich höher als heute.

Vor allem jedoch stellt die Einführung des Papiers eine wichtige Voraussetzung für die Entwicklung der verschiedenen Drucktechniken dar. Das 15. Jahrhundert brachte die Verbreitung von Bildern, die in großen Mengen als Holzschnitte und Kupferstiche produziert werden konnten. Auch Spielkarten, eine noch recht neue Errungenschaft in Europa, und Vorlagen für andere Künstler wurden nun gedruckt und fanden weite Verbreitung (vgl. Taf. 37). Um die Mitte des Jahrhunderts kam dann der Buchdruck mit beweglichen Lettern dazu, eine Technik, die die Welt verändern sollte. Dabei handelte es sich nicht in erster Linie um die Erfindung einer völlig neuen Technik, sondern um die gezielte Entwicklung und Vervollkommnung eines Verfahrens, das die bereits vorhandenen technischen Möglichkeiten zusammenführte. Techniken zur Reproduktion von gegossenen Metallteilen in Serie hatten Goldschmiede und andere Metallhandwerker längst parat, auch Pressen, mit denen sich drucken ließ und der Hochdruck standen zur Verfügung. Schließlich ist es durchaus vorstellbar, daß man in Mitteleuropa auch Nachricht von gedruckten Texten aus Südostasien hatte, wo man in Korea bereits vor 1400 kleine Druckstempel für einzelne Schriftzeichen aus Metall goß und zu Druckstöcken für ganzen Textseiten montierte. Auch diese Grundidee war also prinzipiell bereits vorhanden und wurde angewandt. Das Neue am Gutenbergschen Buchdruck war die raffinierte Kombination mehrerer technischer Einzelverfahren und ihre Entwicklung zur Anwendungsreife. Dies war schließlich so vollkommen gelungen, daß die grundlegenden Methoden des Buchdrucks in den folgenden Jahrhunderten nur wenig verändert zu werden brauchten.

„ARTES MECHANICAE“

Für die Zeit des frühen Mittelalters bis hin zum 11. Jahrhundert fließen die Quellen unseres Wissens über die Handwerke nur spärlich. Was die technischen Aspekte, die Materialien und ihre Verarbeitung, angeht, liefern erhaltene Werke und archäologische Funde zunächst die einzigen Informationen. Schriftquellen zum Handwerk liegen in der Frühzeit weitgehend in zufälligen Erwähnungen von Details vor. Ab der Karolingerzeit, verstärkt jedoch ab dem hohen Mittelalter kommen auch Texte technischer Natur hinzu. Die „schedula diversarum artium“ (Büchlein[19] der verschiedenen Künste) des Roger von Helmarshausen, eines bedeutenden Goldschmiedes und Kunsthandwerkers, der sich in seiner Schrift bescheiden „Theophilus presbyter“ nennt,[20] und die „mappae clavicula“ (Schlüssel der Kunstfertigkeit[21]) sind die frühesten Kompendien vor allem zu den Techniken der Kunsthandwerker. Die „schedula“ wurden um 1122/23 im nordhessischen Helmarshausen niedergeschrieben, überliefern jedoch auch ältere Verfahren. Von besonderem Interesse sind nicht nur die Angaben zu Malfarben und ihrer Gewinnung, sondern auch die Techniken der Herstellung von farbigen Glasfenstern und zum Glockenguß.

Die „mappae clavicula“ ist schon im 9. Jahrhundert entstanden, wurde jedoch in der Folgezeit verändert und erweitert. Hinzu kommt eine Handschrift in Lucca aus der Zeit um 800, die Informationen zur Herstellung von Farben enthält und mit der „mappae clavicula“ eng verwandt ist. Durch solche Schriften, aber auch durch die Musterbücher späterer Jahrhunderte, etwa das „Reiner Musterbuch“ (Taf. 3–4), als eines der frühesten erhaltenen Stücke seiner Art oder das „Göttinger Musterbuch“ aus der Mitte des 15. Jahrhunderts,[22] können wir in vielen Fällen recht genau nachvollziehen, welche Materialien verwendet wurden, wie sie verarbeitet sind und wie man sich den Arbeitsablauf ungefähr vorstellen muß. Überprüft wurden die so überlieferten Anweisungen in unserer Zeit unter anderem durch praktische Versuche, deren Ergebnisse sich dann wieder mit den mittelalterlichen Werken vergleichen lassen. Durch dieses Vorgehen kann man auch bei schwer verständlichen Texten und bei Unklarheiten in der Benennung der Materialien durch Versuch und Irrtum größere Klarheit gewinnen. Während bei der Restaurierung von Wand- oder Tafelbildern auch schon einmal Materialproben genommen werden können, die dann der naturwissenschaftlichen Analyse zur Verfügung stehen, ist dies bei der Buchmalerei so gut wie ausgeschlossen, da schon kleinste Eingriffe die Werke sichtbar beschädigen würden. Man ist somit bei der Erforschung der technischen und materiellen Seite dieser Werke weitestgehend auf sogenannte „nicht-invasive“ Verfahren angewiesen.

[19] Eigentlich: „Schreibtäfelchen“.

[20] Technik des Kunsthandwerks im zwölften Jahrhundert des Theophilus Presbyter Diversarum artium schedula, in Auswahl herausgegeben, übersetzt und erläutert von Wilhelm Theobald mit einer Einführung zur Neuausgabe von Wolfgang von Stromer, Reprint der Ausgabe von 1933, Düsseldorf 1984 (Klassiker der Technik).

[21] Der lateinische Titel ist bisher nicht überzeugend zu übersetzen. Die Hypothese, daß er durch eine Fehlübersetzung aus dem Griechischen zustande kam und als „Erläuterung von Kunstgriffen“ verstanden werden muß, ist dagegen wahrscheinlich.

[22] Göttingen, Staats- und Universitätsbibliothek, Cod. Ms. Uffenb. 51.

Allerdings darf man die schriftliche Überlieferung der mittelalterlichen Techniken auch nicht überbewerten. In der Regel dürften die praktischen Kenntnisse der Handwerker und Kunsthandwerker gerade nicht durch Lehrbücher, sondern mündlich und durch Anleitung und Mitarbeit des Lehrlings in der Werkstatt weitergegeben worden sein. Auf diese Art und Weise bildeten sich auch lokale Überlieferungen und Besonderheiten. In sehr vielen Fällen liefern die Traktate auch viel zu lückenhafte oder allgemein gehaltene Angaben, als daß man alleine auf dieser Basis hätte arbeiten können. Die Kenntnis der grundlegenden Arbeitstechniken wird oft vorausgesetzt, und auch die Frage, wo die Methode zur Anwendung kommen kann, wird in der Regel nicht ausdrücklich behandelt. Allerdings erfahren wir immer wieder auch von verschiedenen Verfahren, die nach Kenntnis des Autors in unterschiedlichen Ländern üblich sind. In der heutigen Zeit, wo zumeist die Arbeitszeit weit kostbarer ist, als das Material, fallen sehr zeitaufwendige Verfahren besonders ins Auge. Alleine die Herstellung von feinem Goldpuder als Malfarbe und für Goldtinten erfordert stundenlange Mahlvorgänge und oft wiederholtes, sorgfältiges Schlämmen, so daß der Arbeitsgang leicht mehrere Tage in Anspruch nehmen kann.

Zwar nimmt ebenfalls ab dem 12. Jahrhundert etwa die Zahl und der Aussagewert der Handwerkerdarstellungen in Handschriften zu (Taf. 2–4), doch liefern auch diese meist nur recht unvollständige Informationen. Allerdings bereichern sie nicht nur die Schriftquellen um eine weitaus anschaulichere Komponente. Die Zusammenschau der Ergebnisse der Untersuchung von erhaltenen Werken, der Analyse der technischen Literatur der Zeit, des experimentellen Nachvollzugs der überlieferten Verfahren und schließlich der Auswertung von Darstellungen der Handwerker und Künstler bei der Arbeit kann uns am Ende doch recht weitgehende Einblicke in die Werkstätten des Mittelalters geben. Allerdings bleibt hier bei allen Fortschritten der letzten Jahrzehnte noch einiges an Forschungsarbeit zu leisten.

Für die spätere Zeit stehen wesentlich mehr historische Nachrichten zur Verfügung. Beispielsweise lassen sich aus den Zunftbestimmungen auch wichtige Informationen zu den Arbeitstechniken und Materialien gewinnen, da oftmals bestimmte Verfahren gefordert und andere untersagt werden. Über die wichtigsten Produkte erfährt man auch etwas aus den Anforderungen für die Probestücke der angehenden Meister. Allerdings sind die erhaltenen Quellen häufig erst recht spät entstanden, zumeist im späten 15. und im 16. Jahrhundert. Da jedoch überhaupt die schriftliche Überlieferung im Spätmittelalter sehr viel dichter wird, ist auch unser Wissen über das Handwerk in dieser Zeit detaillierter. Chroniken und Reiseberichte informieren über bestimmte regionale oder landschaftliche Besonderheiten (vgl. Taf. 30), Briefe geben persönlichere Einsichten und Erfahrungen wieder.

Für das Handwerk, seine Organisation und seine Produkte war der Übergang vom Mittelalter in die Frühe Neuzeit kein wesentlicher Einschnitt. Abgesehen davon, daß auch dieser Lebensbereich den politischen, sozialen und ökonomischen Entwicklungen der Epoche unterworfen war, änderte sich für Lehrlinge, Gesellen und Meister nichts Grundlegendes. Für die Maler und Bildhauer – in Deutschland im Gegensatz zu Italien noch durchgehend als normale Handwerker angesehen, wie man etwa aus den Briefen Dürers erfährt – wechselten mit

der Reformation die Arbeitsbedingungen. Kirchliche Aufträge gingen stark zurück. Dafür gewannen neue Themen an Gewicht, vor allem das Portrait. Später treten neue Gattungen auf den Plan, das Stilleben etwa oder die selbständige Landschaft. Im großen und ganzen jedoch entwickelten sich die Handwerksstruktur und die Arbeitsbedingungen recht kontinuierlich weiter.
Von der Vielfalt der einstigen Handwerksbezeichnungen zeugen noch heute die darauf zurückgehenden Familiennamen. Während zuvor in der Regel nur Vornamen in Kombination mit Herkunftsbezeichnungen (z. B. Berthold von Regensburg) und individuelle Zunamen (z. B. Notker der Stammler) gebräuchlich waren, bildeten sich im späten Mittelalter die Familiennamen heraus. Der größte Teil davon wurde aus der Bezeichnung des Berufs gebildet, der oftmals über mehrere Generationen hinweg ausgeübt wurde. Bei Namen wie „Maurer“, „Metzger“, „Schmitt“ oder „Zimmermann“ ist dies noch heute offensichtlich. Auch „Armbruster“, „Bogner“, „Kessler“, „Nadler“ und „Seiler“ lassen noch leicht erkennen, was die ersten Träger des Namens vermutlich hergestellt haben. Eine Vielzahl von Berufen und Berufsbezeichnungen ist jedoch untergegangen. Der Kuttler, als Händler mit Innereien, Därmen und anderen tierischen Nebenprodukten gehört dazu (vgl. Taf. 20), der Muldenhauer als Hersteller von Trögen und Wannen, oder der Grappengießer, der die verbreiteten dreibeinigen Kochtöpfe aus Bronze goß. Walker bearbeiteten den rohen gewebten Wollstoff zu dichtem und weichem Tuch, der Kantengießer stellte Zinnkannen her und der Büttner aus hölzernen Dauben aufgebaute Bottiche (Taf. 48). „Rebleute“ („Rebmann“) betrieben Weinanbau am Rand der Städte, und Loher belieferten Gerber mit Rohstoffen. Der ebenfalls in den Quellen genannte „Hornrichter“ verarbeitete Rinderhörner zu flachen Platten, die unter anderem als dünne, durchsichtige Fensterchen für Laternen verwendet wurden. „Würfler“ stellten aus Knochen und anderen Materialien Würfel her.
Die verbreitete Annahme, daß die Berufe in der mittelalterlichen Stadt streng getrennt in jeweils eigenen Straßen, Gassen und Stadtvierteln angesiedelt waren, ist allerdings falsch. Zwar versammelten sich oftmals mehrere Werkstätten desselben Gewerbes in unmittelbarer Nachbarschaft, etwa wenn sie von einem Flußlauf oder anderen Gegebenheiten abhängig waren, doch lassen sich zumindest im deutschen Raum keine ausschließlich einem Berufsstand vorbehaltenen Stadtbereiche nachweisen. Überall, wo wir durch schriftliche Nachrichten und archäologische Funde genauer Bescheid wissen, zeigt sich eine völlige Durchmischung der Berufe im Stadtgebiet. Allerdings versuchte man oft, bestimmte Gewerbe von den Wohngebieten fernzuhalten. Gerber beispielsweise wegen des penetranten Gestanks und Kesselschmiede sowie andere derartige Berufe wegen des Lärms, den sie erzeugen. Zuweilen bemühte man sich, alle Werkstätten, die mit hohen Temperaturen und entsprechenden Öfen arbeiteten, aus der Stadt zu verbannen, um die Feuergefahr zu vermindern. Dem steht jedoch gegenüber, daß man in anderen europäischen Städten durchaus zuweilen Straßen und Gassen mit sehr hohen Konzentrationen eines Gewerbezweiges findet.

Handel und Verkehr

DIE FRÜHZEIT

Die Geschichte des Fernhandels reicht in Mitteleuropa bis weit zurück in die Vorzeit, wahrscheinlich bis ins Neolithikum, sicher aber bis zur Bronzezeit. Die gehandelten Waren und Handelswege lassen sich durch archäologische Funde erschließen, genauere Kenntnisse haben wir jedoch nicht. Über die Händler und die Organisation ihres Fernhandels in dieser schriftlosen Zeit gibt es keine Zeugnisse. Kaufleute transportierten wahrscheinlich von Anfang an nicht nur Waren, sondern auch Informationen über weite Strecken. Von den Händlern im fernen Norden Europas bezogen die griechischen und römischen Schriftsteller ihre Kenntnisse über Germanien, zumal in den Jahrhunderten vor der römischen Expansion über die Alpen. Die Blütezeit des römischen Reiches brachte dann auch einen sehr lebhaften und vielgestaltigen Fernhandel von den mediterranen Metropolen bis zu den äußersten Grenzen des Reiches und darüber hinaus bis nach Skandinavien, Asien und Afrika.
Nach knapp fünf Jahrhunderten lebhaften kaufmännischen Austausches von hochwertigen und jeweils landfremden Waren zwischen der germanischen und der römischen Welt unterbrach die Völkerwanderung die alten Handelsrouten und Strukturen. Unsicherheit der Wege und Niedergang der Städte und Handelsplätze waren die unmittelbaren Ursachen für einen drastischen Rückgang im Warenaustausch. Im heutigen Deutschland waren es lediglich einige wenige Bischofssitze in den alten Römerstädten, etwa Köln, Mainz und Regensburg, die noch sporadisch von Kaufleuten aus fernen Weltregionen besucht wurden. Elfenbein, Perlen, Farbstoffe und Glas gehörten zu den begehrten und kostbaren Importwaren. Sie fanden nicht zuletzt in den kirchlichen Arbeiten der Kunsthandwerker Verwendung, von denen sich einige Zeugnisse bis heute erhalten haben. Die europäischen Mittelmeerländer standen jedoch auch weiterhin über die „Seidenstraßen" mit Asien und mit dem nördlichen Afrika in Verbindung.
Nach dem Abebben der Völkerwanderung, also etwa ab dem Ende des 5. Jahrhunderts, etablierten sich neue Reiche – nördlich der Alpen vor allem das der Franken – und neue Handelsstrukturen. Zum Handel im Merowingerreich stehen bereits zahlreiche Informationen zur Verfügung, zumeist überliefert von den Geschichtsschreibern der Zeit wie Gregor von Tours oder Fredegar. Auch die verbreiteten Viten, also Lebensbeschreibungen von Heiligen, bieten oft ganz nebenbei interessante Einblicke in das alltägliche Leben. Aus bildlichen Darstellungen sind für diese Epoche noch kaum konkrete Informationen zu gewinnen. Zur Zeit der Merowingerherrschaft im Frankenreich waren Fernkaufleute reiche und angesehene Personen. Sie belieferten vor allem die größeren und kleineren Herren, Adelige und Bischöfe mit ausländischen Gütern, etwa Gewürzen aus dem Orient, südländischen Weinen und auch mit Papyrus. Die königliche Kanzlei verwendete bis ins 7. Jahrhundert, wie einst das Römerreich, Papyrus als Schreibmaterial bzw. als „Beschreibstoff". Die päpstliche Kanzlei schrieb noch länger auf dem althergebrachten, aber empfindlichen Material.

Im 7. und 8. Jahrhundert existierten bereits Zollstationen an den Flüssen und Häfen sowie an Handelsstraßen. Das Schiff war bei weitem das wichtigste Verkehrsmittel, ermöglichte es doch den Transport größerer Lasten und bot obendrein die mit Abstand bequemste Art des Reisens. Auf dem Meer mußte man sich jedoch noch weitgehend auf die Seefahrt in Sichtweite der Küsten beschränken. Auch der Fernhandel über die Seidenstraßen zwischen Ost und West bekam erst weit später Konkurrenz durch den Seetransport. Die merowingischen Könige förderten den Fernhandel, denn sie profitierten auf vielfältige Art von ihm. Zum einen wurden sie so mit Waren versorgt, die sonst nicht zu bekommen waren, zum anderen bildeten Zölle eine Einnahmequelle. Aber die zumeist fremden Händler lieferten auch Nachrichten aus ferneren und näheren Ländern, konnten Briefe und andere Nachrichten übermitteln und auf ihren Schiffen auch Passagiere befördern. In der Lebensbeschreibung des hl. Columban etwa wird berichtet, wie dieser mit einem Handelsschiff nach Irland reisen wollte. Neben wenigen einheimischen Händlern waren wohl vor allem Juden – als von den Franken unterschiedene Volksgruppe und Glaubensgemeinschaft –, Syrer, Griechen und Araber als Kaufleute im Frankenreich tätig. Marseille war ein wichtiger Seehafen für den Mittelmeer- und Orienthandel. Der Fernhandel in dieser Zeit und auch noch während der nächsten Jahrhunderte erforderte auch immer wieder kriegerische Fähigkeiten, wollten wertvolle Waren und nicht zuletzt Leben und Freiheit doch gelegentlich auch mit Waffengewalt verteidigt werden. Im Frankenreich genossen die Kaufleute als angesehene und gebrauchte Geschäftsleute königlichen Schutz. Ein unbedachter Überfall auf fränkische Händler konnte auch schon einmal eine Intervention über die Grenzen hinweg auslösen. Ganz allgemein kann man sagen, daß Fernkaufleute zu den angesehensten Personen außerhalb der adeligen Führungsschicht gehörten. Auch im Frankenreich dürfte man oft genug Kenntnisse und vor allem aktuelle Nachrichten über die Ereignisse in weiter entfernten Gegenden vor allem von Händlern bezogen haben.

Als im 8. Jahrhundert die Karolinger die Herrschaft im Frankenreich und bald über weite Teile Europas übernahmen, kam auch der Handel und Warenverkehr zu einer ersten Blüte. Die Gründung von Märkten – in der Bedeutung durchaus vergleichbar mit den großen Handelsmessen unserer Zeit –, die Aufhebung von Binnenzöllen, die Vereinheitlichung des Münzsystems sowie der Maße und Gewichte waren wirkungsvolle Fördermaßnahmen. Karl der Große plante bereits einen Main-Donau-Kanal, der Schiffstransporte zwischen den Flußsystemen des Rheins und der Donau mit ihren Nebenflüssen ermöglichen sollte. Allerdings waren die technischen Möglichkeiten der Epoche dem Projekt noch lange nicht gewachsen und so blieb es in den Anfängen stecken. Deutlich ist jedoch die Bereitschaft zu erkennen, den Warenverkehr auch durch sehr aufwendige Maßnahmen zu erleichtern. Das Reich der Franken erreichte unter Karl eine immense Größe von der Oder bis an die Pyrenäen und von der Ostsee bis zum Mittelmeer. Daß auch außerhalb dieses Gebietes zum Teil weitreichende Handelsbeziehungen existierten, zeigt etwa der Schatzfund auf der südskandinavischen Insel Helgö aus dem 8. Jahrhundert, bei dem über 40 arabische Silbermünzen zum Vorschein kamen und – noch weit erstaunlicher – eine bronzene Buddha-Statuette.

Für die größeren Wirtschaftseinheiten der Zeit, Klöster und weltliche Güter, waren überregionale Märkte wahrscheinlich die einzige Möglichkeit, höhere Überschüsse der eigenen Produktion in Geld oder Handelsware umzusetzen. Die Landwirtschaft – der bei weitem dominierende Wirtschaftszweig – war in heute kaum noch vorstellbarem Maße Ertragsschwankungen unterworfen. Diese waren vor allem witterungsbedingt und betrafen ganze Regionen und Landschaften. Bei reichen Ernten muß es schwierig gewesen sein, in der unmittelbaren Nachbarschaft größere Getreidemengen zu einem attraktiven Preis abzusetzen, denn die umliegenden Ländereien profitierten mit Sicherheit vom gleichen Klima. Nur der Absatz auf Märkten, die von Fernhändlern besucht wurden, oder der direkte Absatz an weit entfernten Orten versprach hier Erfolg. Die Handelsstützpunkte der Zeit, „Wicken“ und „Emporien“, wurden in vielen Fällen zu Keimzellen der Städtebildung. Neben den orientalischen Kaufleuten kommen in der Karolingerzeit zunehmend auch fränkische Händler ins Geschäft. Außer den selbständigen Fernhändlern gab es im Auftrag von Herrschern oder Klöstern arbeitende, wohl hauptsächlich einheimische „Agenten“, die nebenbei auch auf eigene Rechnung handeln durften. Dominierend sollten jedoch lange noch zwei recht unterschiedliche Volksgruppen sein: Friesen und Juden. Die erst recht spät christianisierten Friesen beherrschten lange den Nord- und Ostseehandel, fuhren jedoch auch den Rhein hinauf bis nach Worms und Mainz, wo es friesische Niederlassungen gab. Die friesischen Tuche und Mäntel waren berühmt. Wahrscheinlich wurden sie jedoch nicht von Friesen produziert, sondern lediglich vertrieben.

Noch vor dem Jahr 1000 berichtet der arabische Reisende Al-Masudî, daß es im Frankenreich 150 Städte gebe, die von Handel und Handwerk lebten. Ein anderer Araber, Qazwini, zeigt sich erstaunt, in Mainz, also für ihn in einem weit abgelegenen Teil der bekannten Welt, arabische Dirheme und Münzen aus Samarkand vorzufinden. Auch den Handel mit den ihm wohlbekannten Gewürzen aus dem fernen Orient, Pfeffer, Ingwer, Gewürznelken und einigen anderen, fand der Reisende höchst erstaunlich und bemerkenswert. Wichtige Handelsgüter, die in größeren Mengen transportiert und gehandelt wurden, waren vor allem Salz, Eisen und Textilien. Ein begehrter und wertvoller Exportartikel war auch der Bernstein von der Ostseeküste. Eingeführt wurden außerdem solche kostbaren Materialien wie der Halbedelstein Lapislazuli aus Afghanistan, der sowohl als Schmuckstein wie auch als Grundstoff für die edelste blaue Malfarbe Verwendung fand.

Als die Kaufleute schlechthin galten jedoch die Juden. Im Unterschied zu christlichen Kauffahrern konnten sie sich in den expandierenden islamischen Ländern frei bewegen und so den Orienthandel betreiben. Vor allem seit die Araber das Mittelmeer beherrschten, die iberische Halbinsel wie auch Sizilien waren in ihrer Hand, stellten die Juden den Kontakt zu Byzanz her. Zu dem Land, das nicht nur am unmittelbarsten das antike Römerreich beerbte, sondern das vor allem an der Gelenkstelle zwischen Orient und Okzident saß. Die karolingischen Mächtigen taten viel, um die Juden zum Bleiben in ihrem Reich zu bewegen. Neben der reinen Handelstätigkeit waren Juden auch als reiseerfahrene und sprachgewandte Leute unverzichtbar. Die berühmte Gesandtschaft Karls des Großen zu Harun al Raschid nach Bagdad in den Jahren 797 bis 802 konnte nach dem vorzeitigen Tod der beiden Gesandten nur durch den jüdischen Dolmetscher des Unternehmens, Isaak, erfolgreich zu Ende gebracht werden. Bis ins 12. Jahrhundert hinein spielten die Juden in Mitteleuropa die Rolle als privilegierte Vermittler zwischen der christlichen und der islamischen Welt. Ihre ökonomische Funktion und gesellschaftliche Notwendigkeit brachte ihnen eine rechtlich und sozial gesicherte Stellung. Ihre Religion wurde toleriert und ihre Kultur war durchaus attraktiv für Christen. Märkte wurden wegen der jüdischen Händler von Samstag, dem Sabbat, auf einen anderen Wochentag verlegt. Es gab mehr christlich-jüdische Konvertiten als umgekehrt.

Allerdings war die angesehene und relativ sichere Stellung seit dem Beginn der Kreuzzüge (d. h. ab 1096) zunehmend gefährdet. Die flammenden Kreuzzugspredigten des Bernhard von Clairvaux und seiner Nachfolger blieben nicht ohne Wirkung. Der entfachte religiöse Fanatismus wandte sich auch gegen die Nichtchristen im eigenen Land, also gegen die bisher so wohlgelittenen Juden. Immer wieder kam es zu Ausschreitungen. Schließlich traten christliche Fernhändler an ihre Stelle. Obwohl auch das Kreditgeschäft eine lebenswichtige Funktion des allgemeinen Wirtschaftslebens war, die christliche Geschäftsleute aufgrund der kirchlichen Vorbehalte gegen die moralische Zulässigkeit von Zinsen oft nicht ohne weiteres übernehmen konnten, war die Stellung der Juden im späteren Mittelalter doch zumeist unsicher. Als sich schließlich in Kaufleuten aus den Hansestädten und italienischen Handelshäusern mit Niederlassungen im nördlichen Europa Alternativen zu jüdischen Kreditgebern etablierten, waren jüdische Geschäftsleute zunehmend gefährdet. Pogrome und Vertreibungen waren oft auch Gelegenheiten, sich den Besitz der Juden anzueignen und sich von lästigen Schulden zu befreien.

VON DEN KREUZZÜGEN ZUR „KOMMERZIELLEN REVOLUTION“

Die Kreuzzüge schienen zunächst den Orienthandel in Bedrängnis zu bringen, denn Geschäfte mit islamischen Handelspartnern wurden streng untersagt. Daß etwa Venedig, das vom Levantehandel lebte, sich unter diesen Voraussetzungen nicht sehr kreuzzugsbegeistert zeigte, kann kaum verwundern. Erst spät beteiligte man sich. Immer wieder versuchte die Serenissima auch den kriegerischen Vorstoß von Palästina und den islamischen Ländern umzulenken auf Byzanz, was beim vierten Kreuzzug dann auch gelang. Tatsächlich florierten aber die für beide Seiten so attraktiven und gewinnbringenden Handelsbeziehungen zwischen isalmischen und christlichen Kaufleuten im Mittelmeerraum auch über die Epoche der Kreuzzüge hinweg. Letztendlich wurde der Orienthandel sogar intensiviert und gelangte immer mehr in die Hand europäischer Kaufleute. Vor allem Venedig und Genua profitierten von dieser Entwicklung, die beiden rivalisierenden Seemächte sollten für die kommenden Jahrhunderte den Handel zwischen Ost und West dominieren.

Die Zeit vom 11. bis zum 13. Jahrhundert wurde auch als die Epoche der „kommerziellen Revolution“ bezeichnet. Die Befriedung weiter Bereiche Europas brachte Bevölkerungswachstum und eine erhebliche Ausweitung der Wirtschaftstätigkeit. Die „Wikinger“ – zunächst von Dänemark, Norwegen und

Schweden aus auf Raubzüge ausschwärmende Krieger – werden nach und nach an vielen Stellen seßhaft und übernehmen das Christentum ihrer neuen Nachbarn. Die Normannen („Nordmänner“) verfolgen jedoch nicht nur die kriegerische Expansion bis hin zur Eroberung Süditaliens und Englands im 11. Jahrhundert, schon früh treiben sie auch überregionalen Handel. Ab der Jahrtausendwende läßt sich das Sonderrecht der Kaufleute, das „ius mercatorum“, nachweisen. Bei Streitigkeiten zwischen Kaufleuten konnten diese nun einen Richter aus den eigenen Reihen wählen. Zudem waren sie von Gottesurteil und gerichtlichem Zweikampf ausgenommen. Beides waren Mittel der Urteilsfindung, die mit erheblichen Unwägbarkeiten verbunden waren und die dem reisenden Kaufmann als Ortsfremdem eine ausgesprochen ungünstige Ausgangslage und somit schlechte Chancen bei einem Rechtsstreit eingebracht hätten. Der zunehmende Warenverkehr und die möglichen Einnahmen aus Zöllen dürften zusätzliche Anregungen gewesen sein, die Verkehrswege zu pflegen und Brücken zu bauen. Städte- und Marktgründungen waren auch in der Zeit der Salier und Staufer ein bevorzugtes Mittel der Wirtschaftsförderung und ebenso der Machtpolitik. Als Heinrich der Löwe Markt und Isarübergang an der wichtigen Salzhandelsstraße von Freising zu dem von ihm gegründeten München verlegte, stellte er nicht nur die Weichen für den Aufstieg einer neuen Metropole, sondern lenkte auch den Geldfluß, der sich bisher in die Schatulle des Freisinger Bischofs ergossen hatte, in die eigene Tasche.

Auch in der Folgezeit sollten Herrscher als Förderer des Handels und der städtischen Wirtschaft auftreten, von Rudolf von Habsburg bis zu Karl IV. im 14. Jahrhundert. Die Landwirtschaft aber, als lebensnotwendige Grundlage jeden Wirtschaftens, profitierte sowohl von einer Klimaerwärmung vom 10. bis zum 13. Jahrhundert mit entsprechend höheren Erträgen als auch von den technischen Verbesserungen wie der effektiveren Nutzung der Pferde durch verbesserte Zuggeschirre – wie so vieles eine aus dem Orient eingeführte Neuerung. Die Verbesserung der Verkehrswege und der gebräuchlichen Wagen trug ebenfalls mit zum Aufschwung bei. Das Handelsvolumen insgesamt stieg sehr deutlich an. Auch der Levantehandel lag nun in der Hand abendländischer, christlicher Kaufleute. Nach wie vor ließen sich beim Warenaustausch mit dem Orient hohe Gewinne erzielen. Der Aufstieg Venedigs zu einer der reichsten Städte Europas beruht vor allem auf seiner Schlüsselstellung im Handel mit dem östlichen Mittelmeerraum und den orientalischen Ländern (vgl. Taf. 54). Als die beiden Pole des europäischen Fernhandels bildeten sich die oberitalienischen Städte im Süden und der Nord- und Ostseeraum heraus. Während Venedig und die italienischen Handelszentren den Verkehr über das Mittelmeer mit Byzanz und vor allem mit den islamischen Ländern nutzten, bildete das Baltikum das Tor nach Skandinavien und in den slavischen Raum.

Dazwischen entwickelten sich im 12. und 13. Jahrhundert die Messen der Champagne zu europäischen Umschlagplätzen und auch die flandrischen Städte zu aufstrebenden Zentren des Tuchhandels und der Textilproduktion. Die Messen der Champagne fanden in den verschiedenen Städten fast rund ums Jahr statt. Die Märkte in Provins, Troyes und andere Städte wechselten sich praktisch ab. Viele Kaufleute nahmen lange Reisen auf sich, um bei der Messe ihre Waren umzusetzen. Von Italien aus waren sie mit ihren Gütern rund fünf Wochen unterwegs. Zunächst war es wohl üblich, daß die Händler draußen vor der Stadt in Zelten und aufschlagbaren Hütten lagerten, wie es auch der Minnesänger Bertrand de Bar-sur-Aube für den Frühling beschrieben hat: „wenn es warm und heiter ist, wenn das Gras grünt und der Rosenstock blüht ... dann beginnen die Kaufleute umherzuziehen, die ihre Habe zum Verkauf bringen, vom Morgengrauen bis zum Abend eilen sie hin und her, so daß die ganze Stadt im Aufruhr ist. Draußen lagern sie mitten auf der Wiese, wo sie ihre Zelte und Pavillons aufgeschlagen haben." Später dann vermieten die Stadtbewohner Zimmer und Häuser an die Händler. Schließlich baut man spezielle Häuser aus Stein, zum Schutz vor Feuer und mit großen gewölbten Kellern für die Waren. Die Kaufleute genossen in der Champagne auch Privilegien und profitierten von der liberalen Politik der Grafen der Champagne. Die zur Messe ziehenden Kaufleute waren auf dem Gebiet der Champagne von allerlei Abgaben und Zöllen befreit. Messeordnungen und Messewachen sorgten für einen geregelten und verläßlichen Ablauf des Handels.

So wichtig die Messen der Champagne für das 13. Jahrhundert waren, so unaufhaltsam war ihr Niedergang im 14. Jahrhundert. Umwälzungen wie der Hundertjährige Krieg zwischen der englischen und der französischen Krone, der zeitweise Niedergang der flämischen Tuchproduktion und vor allem ein Wechsel der Handelwege trugen dazu bei. Die aufstrebende italienische Herstellung von Wollstoffen ging mit dem Ausbau eines Seehandelsweges vom Mittelmeer um die iberische Halbinsel bis nach England und zur Nordsee einher. Italienische Händler kauften in England die dort produzierte feine Wolle für die Tuchherstellung der oberitalienischen Städte. Im Gegenzug wurden beispielsweise italienischer Wein und andere Waren aus dem Mittelmeerraum in den Norden verkauft. Der zweite nun im Aufschwung befindliche Handelsweg verlief am Rhein entlang. Die Messen in Genf und in Frankfurt entwickelten sich hier im 14. und 15. Jahrhundert. Allmählich wurde jedoch der reisende Kaufmann durch den seßhaften Kaufmann abgelöst.

MÄRKTE, LÄDEN UND GESCHÄFTE

Außer den großen Messen und den Jahrmärkten, auf denen man sich mit den Dingen eindecken konnte, die vor Ort nicht verfügbar waren oder im großen gehandelt wurden, spielten natürlich auch die örtlichen Wochenmärkte eine wichtige Rolle. Auf den Marktplätzen der Städte und Ortschaften fand täglich oder an mehreren Wochentagen ein reger Verkauf statt (Taf. 19). Vor allem frische Lebensmittel und Gegenstände des täglichen Bedarfs waren hier zu bekommen. Überhaupt war der Marktplatz das Zentrum des städtischen Lebens. In der Regel wohnten die reichsten und angesehensten Bürger der Stadt in repräsentativen Häusern am Markt. Dort dürften auch die Häuser und Wohnungen am teuersten gewesen sein. Ebenfalls hoch im Kurs standen die Straßen von den wichtigsten Stadttoren zum Hauptmarkt und sonstige besonders belebte Plätze – also die besten Geschäftslagen (Taf. 41). Hufschmiede und Wagner siedelten sich auch gerne an den Stadttoren zu den wichtigen Verkehrswegen an, denn hier konnten sie sicher sein, genügend Kunden zu finden. Handwerksprodukte des täglichen Bedarfs wie auch Luxusgüter, die vor Ort hergestellt wurden, wurden in aller Regel direkt im Laden des Erzeugers verkauft. Zu einer Werkstatt gehörte zumeist auch ein Verkaufsladen.

Schon die Bezeichnung „Laden“ weist auf das übliche Erscheinungsbild hin: ein großer, die Auslagen und Verkaufstheken über Nacht verschließender Fensterladen. Oftmals bildete der heruntergelassene Klappladen zugleich den Verkaufstisch. Kleine, billige Artikel wurden auch von mobilen Händlern angeboten (Taf. 41, 47). Größere Verkaufsflächen im Haus dürften eher selten gewesen sein, man kann sie vor allem bei Kaufleuten finden, weniger im Handwerk. Aufwendige und teure Produkte, zu denen nicht zuletzt Kunstwerke wie illuminierte Handschriften, Goldschmiedearbeiten, Gemälde oder Skulpturen gehörten, entstanden praktisch ausschließlich auf Bestellung (Taf. 22). Oftmals mußten teure Materialien entweder vom Kunden zur Verfügung gestellt oder aber im voraus bezahlt werden, da der Handwerker – zumal bei größeren Aufträgen – nicht ohne weiteres in der Lage war, sie zu finanzieren. Der Auftraggeber konnte so im Gespräch mit dem Meister seine Wünsche und Vorstellungen direkt einbringen. Je nach den Preisvorstellungen und den finanziellen Möglichkeiten wurde dann eine Vereinbarung über die anzufertigenden Stücke getroffen. Bei größeren Aufträgen wurden solche Verträge, zumal im späteren Mittelalter, auch schriftlich abgeschlossen (Taf. 22). Bei komplizierteren Aufträgen, an deren Herstellung mehrere Gewerbe beteiligt waren, fungierte in der Regel ein Händler oder einer der beteiligten Handwerker als „Unternehmer“ oder „Verleger“, der die einzelnen Arbeiten an andere Werkstätten weitervergab und letztlich mit dem Kunden abrechnete.

Wo sich Unterlagen erhalten haben, geben sie uns wertvolle Einblicke in Werkstätten wie in Rechtsgepflogenheiten der Zeit. Eine nicht zu unterschätzende Rolle spielte schließlich auch der Handel mit gebrauchten Waren und mit Altmaterial. Die meisten Produkte und alle wiederverwertbaren Materialien waren zu wertvoll, um sie einfach wegzuwerfen. Selbst verschlissene Schuhe wurden vom „Altmacher“ noch einmal aufgearbeitet (Taf. 45). Hochwertige Kleidung konnte vom reichen Bürger oder Adeligen, für den sie angefertigt worden war, durch die soziale Hierarchie hinunter wandern über die eigenen Angestellten bis zu den Armen, oder bis der Stoff noch als Lappen, Flicken oder Rohstoff weiterverarbeitet wurde. Alles Brennbare konnte man am Schluß noch verheizen. Daß die wertvollen Metalle als Rohstoffe gehandelt und wieder eingeschmolzen wurden, war selbstverständlich.

DER HÄNDLER ALS BANKIER

Auf dem Gebiet der Bankgeschäfte ging die Entwicklung hin zu kirchlicher Akzeptanz zunächst recht langsam voran. Politik, Wirtschaft und auch der Handel selbst waren auf die Möglichkeit, Kredite aufzunehmen, angewiesen (vgl. Taf. 23). Da der professionelle Geldverleih lange Zeit durch religiöse und moralische Hindernisse sehr erschwert war, mußten praktikable Auswege gefunden werden. Eine Variante der Kreditaufnahme für den Kaufmann war die Beteiligung eines Geldgebers an seiner Handelsreise. Gelang sie, konnte er einen Teil des Gewinnes einstecken, ging die Ladung verloren, war auch seine Einlage dahin. Der „trockene Wechsel“ dagegen war nach außen ein reines Wechselgeschäft, in Wirklichkeit aber ein Kredit. Zum Teil wurden die Zinsen – also der eigentlich anstößige Teil des Geldverleihs – auch als „Vertragsstrafe“ für verspätete Rückzahlung getarnt. Der Kirche war nicht nur das Gewinnstreben an sich verdächtig, ja prinzipiell sündig, sondern sie verdammte zunächst die meisten Tätigkeiten des Kaufmanns als Wucher. Nach der kirchlichen Theorie sollte eigentlich nur derjenige einen Gewinn erzielen, der etwas erzeugte, herstellte oder bearbeitete. Schon Kauf und Verkauf mit Profit war für die Kirchenväter Wucher. Man berief sich auf die Bibel wie auch auf Aristoteles, auf den man das Sprichwort „nummus non parit nummos“ (Geld pflanzt sich nicht fort) zurückführte. Allerdings konnte man den Handel nicht wirklich unterbinden, war er doch letztlich unverzichtbar.

Allmählich setzte sich immerhin die Ansicht durch, daß die Mühe des Transportes von Waren eine Entlohnung rechtfertige. Auch das Risiko, das der Händler und jeder, der in ein Geschäft investierte, einging, wurde als Rechtfertigung für Gewinne angeführt. Problematischer noch waren Geldgeschäfte, vor allem Kredite, aber auch reine Finanzbeteiligungen an Geschäften. Auch hier führte man schließlich das hohe Verlustrisiko an, aber auch den entgangenen „moralisch einwandfreien“ Gewinn. Der Kreditgeber hätte ja mit dem Geld einen Acker pachten und bebauen können oder Vieh kaufen, das sich vermehrte und Nutzen brachte. So wich die Kirche nach und nach von der unrealistischen Forderung ab, den gewerblichen Handel ganz zu unterlassen. Vor allem ab etwa 1300 sollte die Kirche dann auch ihre Haltung zu Zinsgeschäften und ähnlichen Finanzoperationen lockern. Schon vorher jedoch konnte man die religiös motivierten Maximalforderungen kaum durchsetzen.

Dennoch kam es auch weiterhin immer wieder zu vehementer Kritik an Gewinnstreben und dem Anhäufen von Reichtum. Zwar wurde schließlich im Spätmittelalter das christliche Bankgeschäft prinzipiell akzeptiert, doch mußten nun auch die italienischen Bankiers – so wie vordem schon jüdische Geschäftsleute – erfahren, daß sie trotz ihrer anerkannten Legitimität, ja Notwendigkeit für ihre Kunden keineswegs unantastbar waren. Als der englische König Edward III., vor allem zur Finanzierung seiner Kriege in Schottland und Frankreich, einen bedrohlichen Schuldenberg bei den toskanischen Bankhäusern der Bardi und Peruzzi angehäuft hatte, verweigerte er schließlich einfach die Rückzahlung. Der Ruin der Unternehmen war die Folge des Verlustes der immensen Kreditsumme, zumal auch die Kredite an den König von Neapel verlorengingen. Doch auch Edward mußte die Konsequenzen seines Befreiungsschlages tragen – größere Beträge waren nur noch schwer zu bekommen.

Auch Genua war beim Handel mit dem östlichen Mittelmeerraum von erheblicher Bedeutung, gelang es doch, den wichtigen Alaunhandel vom 13. bis weit ins 15. Jahrhundert hinein zu monopolisieren. Alaun war als Beize für das Färben von Tuch unabdingbar. Bis zur Entdeckung einer bedeutenden italienischen Lagerstätte im Jahr 1461 wurde es aus der Ägäis, vor allem über Chios, importiert. Die großen Flüsse stellten hervorragende Handelswege dar: der Po und seine Nebenflüsse in Oberitalien, die Rhône zwischen Mittelmeer und Oberlauf und schließlich Rhein und Donau. Letztere spielten vor allem beim Aufschwung der süddeutschen Städte im späteren Mittelalter eine zentrale Rolle. Die Notwendigkeit adeliger Prachtentfaltung schuf nicht nur Absatzmöglichkeiten für importierte Luxuswaren und – zusammen mit den immensen Kosten der Kriegsführung – Bedarf an Krediten, sondern langfristig auch enge Verbindungen zwischen Herrschern und Handelshäusern.

Nachdem das christliche Bank- und Kreditwesen aus dem Wirtschaftsleben nicht mehr wegzudenken war (Taf. 23), mußte man die religiösen Anschauungen schließlich noch weitgehender als bisher den Tatsachen anpassen. Es ist kein Zufall, daß es ein Kirchenmann der Toskana war, der im 15. Jahrhundert eine christliche Rechtfertigung für das Erheben von Zinsen und andere strittige Gebräuche des Wirtschaftslebens verfaßte.[23] Seit dem späteren 13. Jahrhundert waren es italienische Unternehmen, die bei der Entwicklung eines europäischen Bankwesens – unverzichtbar für Handel, Wirtschaft und Politik – die Führungsrolle einnahmen. Im 14. und 15. Jahrhundert hatten vor allem Florentiner Bankhäuser die Nase vorn. In London ist seit dieser Epoche die „Lombardstreet", also die Straße der Lombarden (hier gleichbedeutend mit Italiener), ein Zentrum des Bankwesens. Auch im Deutschen gehen viele der noch heute gebrauchten Fachbegriffe in diesem Bereich auf das Italienische zurück (z. B. Girokonto, Disagio, Saldo). Am Ausgang des Mittelalters kamen dann auch deutsche Handelshäuser zu überregionaler Bedeutung im Bankgeschäft, so die Welser und schließlich die Fugger von Augsburg.

KAUFLEUTE ALS BILDUNGSELITE

Die Schicht der städtischen Kaufleute brachte schließlich zunehmend hochqualifizierte Kräfte hervor, die in den Kanzleien der Herrscher gebraucht wurden. Der Kaufmannssohn Kaspar Schlick konnte beispielsweise eine glänzende politische Karriere an der kaiserlichen Kanzlei in Wien machen. Er wechselte zahlreiche Briefe mit seinem zeitweiligen Kanzleikollegen, dem berühmten Humanisten und späteren Papst Enea Silvio Piccolomini. Sein Sohn brachte es sogar bis zum Reichskanzler. Schon das 13. Jahrhundert hatte den Übergang der Handelsorganisation zur Schriftlichkeit gebracht (vgl. Taf. 23). Die Bedeutung des Kontors nahm zu, auch die Führung und Koordination von Niederlassungen aus der Ferne wurde so erleichtert. Buchführung, praktisches Rechnen, Sprachkenntnisse, das Wissen um Handelsgebräuche, Rechtsverhältnisse, Währungen und Maße in verschiedenen Städten und Ländern, all das zeichnete den erfolgreichen Fernkaufmann des späteren Mittelalters aus. Entsprechend nehmen auch die schriftlichen Nachrichten über Kaufleute und ihre Geschäftspraktiken zu. Erhaltene Briefe geben nun Einblicke in das Leben der Menschen, etwa die Korrespondenz des Florentiner Kaufmannes Francesco di Marco Datini aus dem 14. Jahrhundert.[24] Schließlich entwickelt sich auch eine eigene Fachliteratur für Kaufleute, vom Sprachführer und Sprachlehrbuch über Rechenbücher bis zum umfassenden Handbuch mit Währungs- und Maßumrechnungstabellen, Tips für den Transport über die Alpen und Informationen über Bezugsquellen für Verpackungsmaterialien (Taf. 54–55). Auch hier sind es zunächst italienische Kaufleute, die ihr Fachwissen schriftlich niederlegen. Doch es sind nicht nur rein

[23] Antonin von Florenz (1389–1459). Der Sohn eines Notars war ab 1445 Erzbischof von Florenz.

[24] Iris Origo, The Merchant of Prato. Francesco di Marco Datini, 2. überarbeitete Auflage New York 1963 (deutsche Ausgabe: Iris Origo, „Im Namen Gottes und des Geschäfts". Lebensbild eines toskanischen Kaufmanns der Frührenaissance. Francesco di Marco Datini 1335–1410, München 1985).

kaufmännische Dinge, die man dort finden kann. Auch Verfahren zur Herstellung von Farbstoffen, Metallegierungen und Heilmitteln finden sich, und selbst „Kunstgriffe" zur Umgehung lästiger Steuern. Die Autoren bedienten sich hierbei natürlich des Italienischen anstelle des gelehrten Latein.

Im ausgehenden Mittelalter spielte im süddeutschen Raum und in den Alpenländern der Italienhandel naturgemäß die wichtigste Rolle, doch der Warenaustausch auf der Donau war ebenfalls von Bedeutung. Der Übergang zur Neuzeit brachte dann auch den Aufstieg und die Expansion des osmanischen Reiches. Obwohl dies für Mitteleuropa vor allem die Zunahme der von dort ausgehenden Bedrohung bedeutete, waren die friedlichen Beziehungen und der Austausch von Waren und Kenntnissen weiterhin wichtig. Berühmt sind die Importe neuer Pflanzen nach Mitteleuropa – im 16. Jahrhundert etwa kamen Flieder und Gartentulpen aus Konstantinopel zu uns.

Ein zweiter und ebenfalls höchst bedeutender Schwerpunkt des Handels im deutschen Raum lag in den Hansestädten. Dieser Bund von Handelszentren umfaßte nicht nur die sich heute noch als Hansestädte bezeichnenden Metropolen an der Küste wie Hamburg und Bremen, sondern auch eine große Zahl von Mitgliedern im Binnenland bis hinauf nach Köln. Im Spätmittelalter unterhielt die Hanse Handelshöfe in England, Dänemark, den Niederlanden, Norwegen, Schweden, Gotland und im Fürstentum Nowgorod. Über die französische Kanal- und Atlantikküste reichte der Handelsraum der Hanse bis nach Spanien und Portugal. Der Schwerpunkt jedoch lag im Nord- und Ostseeraum. Weniger bekannt, aber ebenfalls von überregionaler Bedeutung war die Ravensburger Handelsgesellschaft mit eigenen Niederlassungen in Italien, Frankreich und Spanien mit Mallorca, Valencia und Saragossa. Verbindungsmänner der Ravensburger waren in Köln, Brügge und Antwerpen zu finden, im Osten reichten die Verbindungen bis Breslau, Wien und Ofen. Schließlich gewann der Seehandel durch die erweiterten Möglichkeiten der Seeschiffahrt und vor allem durch die Entdeckung Amerikas ganz neue Dimensionen. Schon die Ausweitung des Verkehrs zwischen Mittelmeer und Atlantik sowie dem Nordseeraum hatte den Warenaustausch im Spätmittelalter beträchtlich erweitert. Später sollten nicht zuletzt die gewaltigen Ströme von Gold und Silber aus den eroberten und geplünderten Reichen Mittelamerikas die europäische Wirtschaft prägen.

GELD UND WÄHRUNG

Die Entwicklung von Handel und Wirtschaftsleben und die politische Geschichte spiegeln sich auch im Wandel der Münzen und Währungen. Für die Zeit des frühen Mittelalters stellen die erhaltenen Münzen – vor allem die immer wieder vorkommenden archäologischen Münzfunde – die vielleicht wichtigste Quellengattung zur Wirtschaftsgeschichte dar. Die frühen Prägungen in Gold, Silber und Bronze nach dem Vorbild antiker und byzantinischer Münzen verdeutlichen dabei das wirtschaftliche und kulturelle Gefälle zwischen Ost und West. Während der örtliche Handel überwiegend auf dem Wege der Naturalwirtschaft und des Tauschhandels betrieben wurde, diente Münzgeld auch zu größeren Geschäften und zum Fernhandel. Das Frankenreich mit mehreren Münz-

reformen bedeutete auch hier einen selbständigen Neuanfang. Für mehrere Jahrhunderte blieb der silberne Denar (= Pfennig), ebenfalls nach antikem Vorbild und schon unter den Merowingern auf dem Vormarsch, praktisch die einzige ausgeprägte Münze. Solidus (20 Pfennige) und Mark (12 Solidi = 240 Pfennige) waren zunächst lediglich Rechnungseinheiten. Die einzelnen Münzprägungen fanden durchaus überregionale Verbreitung, so wird das 10. und 11. Jahrhundert auch als das Zeitalter des „Fernhandelsdenars“ bezeichnet. Münzfunde aus Nordeuropa zum Beispiel zeigen eine vielfältige Zusammensetzung, häufig auch mit arabischen Münzen. Der Dirhem war auch in Europa durchaus als Zahlungsmittel präsent. Der zunehmende lokale Geldverkehr und zahlreiche Münzstätten, meist in der Hand der jeweiligen Feudalherren, brachten im 12. und 13. Jahrhundert eine Regionalisierung. Unterschiedliche Gewichte und Feingehalte sowie Münzverschlechterungen erschwerten den überregionalen Zahlungsverkehr. Schließlich setzte sich eine Prägung durch, die sich von dem süddeutschen Ort Schwäbisch Hall aus verbreitete, der sogenannte Heller.
Im späteren Mittelalter, ab der Mitte des 13. Jahrhunderts, kommen neue Münzen hinzu. Nachdem in Süditalien schon lange auch Goldmünzen nach arabischem Vorbild geprägt worden waren, kam 1252 die erste neue Goldmünze von europäischer Bedeutung, der Florin (Florentiner Gulden), auf den Markt. Es folgten entsprechende Prägungen in Genua und Venedig (Dukaten) sowie in Frankreich. Im Bereich der Silbermünzen fanden gleichzeitig die „Turnosen“ (Gros Tournois) als größere Einheit gegenüber dem Pfennig weite Verbreitung. Der „Grosso“, „Groot“ oder „Groschen“ wurde von nun an weithin nach dem französischen Vorbild geprägt. Die höherwertigen Münzsorten trugen dem gestiegenen Wirtschafts- und Handelsvolumen und der nun allgemeinen Geldwirtschaft Rechnung. So ist es kein Zufall, daß der Bedarf nach einer Goldwährung zuerst in den prosperierenden Städten Mittelitaliens aufkam. Nach dem relativ einheitlichen Münzsystem des Hochmittelalters zeigt die späte Zeit eine überaus verwirrende und unübersichtliche Vielzahl von Münzsorten, die in den meisten Fällen nicht an ein bestimmtes Herrschaftsgebiet oder einen Sprachraum gebunden waren. Gold- und Silberwährung waren nicht unmittelbar aneinander gekoppelt. Durch wechselnde Preise des jeweiligen Edelmetalles konnte auch der Umrechnungskurs schwanken. Prinzipiell kann man im Spätmittelalter eine Preissteigerung bei Gold und Silber feststellen, die vor allem durch die knapp werdenden Rohstoffe bedingt war. Durch die Erschließung neuer Minen war ab der Mitte des 15. Jahrhunderts wieder genug Silber vorhanden, die Goldmenge sollte jedoch erst im darauffolgenden Jahrhundert steigen, als der Nachschub aus Mittelamerika einsetzte. All dies verkomplizierte den Umgang mit Geld erheblich.

WECHSLER

Professionelle Geldwechsler in den Städten bildeten daher einen florierenden Wirtschaftszweig (Taf. 6). Sie mußten die Münzsorten nicht nur kennen, sondern auch in der Lage sein, zu beurteilen, ob die jeweiligen Münzen der Norm entsprachen. Grundlage jeder Währung war der Materialwert der Münze, also der „Feingehalt" an Edelmetall, daher war es notwendig, diesen gegebenenfalls zu überprüfen. Außerdem versahen die Geldwechsler auch die Aufgaben des Bankgeschäftes vor Ort, in Ergänzung zu den überregionalen Banken der Handelshäuser. In Deutschland agierten zeitweilig süddeutsche und rheinische Wechsler auch weiträumiger. Für den Bedarf des Fernhandels hatte sich seit dem 12. Jahrhundert auch eine frühe Form des bargeldlosen Zahlungsverkehrs entwickelt, der Wechsel. Wer im 14. und 15. Jahrhundert fern der Heimat Geschäfte tätigte, konnte sich mit einem, auf ein weiträumig präsentes Handels- oder Bankhaus bezogenen Wechsel bezahlen lassen. Nach der Rückkehr wurde dieser dann in heimischer Währung ausgezahlt. Da der Wechsel auf eine bestimmte Person und einen konkreten Ort ausgestellt war und damit nicht überall und von jedem eingelöst werden konnte, bot er auch eine größere Sicherheit als mitgeführtes Bargeld. Der Wechsel war jedoch auch eine Form des kurzfristigen Kredites. Der Kaufmann konnte so auch Bargeld flüssig machen, etwa um Waren zu kaufen oder um einen Transport vorzufinanzieren und den Wechsel nach Abschluß des Geschäftes wieder einlösen oder von einer anderen Niederlassung eventuell in anderer Währung einlösen lassen. Die Modalitäten wurden vorher festgelegt und bildeten einen Bestandteil des Vertrages. Schwankungen des Geldwertes und der Wechselkurse waren für den Fernhandelskaufmann von immenser Bedeutung. Wußte er sie zu nutzen, konnte sein Gewinn beträchtlich steigen. Kamen unvorhersehbare Entwicklungen dazwischen, konnte das jedoch auch erhebliche Verluste verursachen. Die Handelshäuser waren schon aus diesem Grunde auf den internen wie externen Nachrichtenaustausch angewiesen, so daß diplomatische Verwicklungen, Herrscherwechsel und Mißernten – kurz alles, was die Wirtschaft auch des Mittelalters beeinflußte – weitergemeldet wurde und man sich auf die eventuellen Auswirkungen einstellen konnte.

Im deutschen Bereich trugen auch die Münzvereine des Spätmittelalters zu einer Vereinheitlichung und größeren Übersichtlichkeit des Münzwesens bei. Erst in sehr viel späterer Zeit, vor allem nachdem sich der Nominalwert der Münzen vom Materialwert abgelöst hatte, blieb der Geltungsbereich von Währungen im wesentlichen auf den Bereich der jeweiligen Staaten beschränkt. Wie kompliziert die Verhältnisse sein konnten, zeigt eindrucksvoll eine Rechenaufgabe von 1489.[25] Jemand geht in Wien mit 30 Nürnberger Pfennigen zu einem Geldwechsler und möchte sie in Wiener Pfennige umtauschen. Der Wechselkurs wird schließlich folgendermaßen ermittelt: 7 Wiener Pfennige entsprechen 9 aus Linz, 8 Linzer Pfennige aber sind soviel wert wie 11 Nassauer, 12 Nassauer entsprechen 13 Vilshofener Pfennigen und 15 Vilshofener sind soviel wie 10 Regensburger, 8 Regensburger gelten soviel wie 18 Neumärker Pfennige und 5 Neumärker endlich entsprechen 4 Nürnbergern. Die durchaus berechtigte Sorge, bei derartigen Transaktionen übers Ohr gehauen zu werden, trug wohl viel zum Erfolg von Rechenlehrern und -lehrbüchern bei. Der Name von Adam Riese etwa ist bis heute bekannt. Nur wer die Rechnung selbst überprüfen konnte, war schließlich vor Betrug gefeit. Allerdings waren die normalen Wechselvorgänge wohl meist einfacher als diese Aufgabe im Rechenbuch.

[25] Das Rechenbuch des Johannes Widman von Eger wurde wiederholt abgedruckt (z. B. Johannes Widman, Behend vnd hüpsch Rechnung vff allen Kauffmanschafften, Pforzheim [Anselm] 1508).

Bild und Wirklichkeit

Die Suche nach der Realität einer vergangenen Zeit in den Bildern, die sie hervorgebracht hat, erfordert nicht nur eine umfangreiche Durchsicht der überlieferten Werke, sondern auch und vor allem Kenntnisse und Problembewußtsein. Längst nicht alles, was wir so anschaulich dargestellt finden, ist Abbild der sichtbaren Wirklichkeit. Abgesehen von den Fähigkeiten des Malers und den Darstellungsgewohnheiten der Zeit bestimmen vor allem Zweck und weiterer Zusammenhang des Bildes den Realitätsgehalt. So wie ein Dokumentationsfoto, ein Kinoplakat, ein Comicstrip oder ein Gemälde unsere heutige Welt auf höchst unterschiedliche Art widerspiegeln, können unterschiedliche Bildgattungen ganz unterschiedliche Aspekte des mittelalterlichen Daseins reflektieren. Daher ist es unumgänglich, Bilder oder Teile von Bildern, die Aspekte der realen Lebenswelt des Malers darstellen, von solchen zu unterscheiden, die überwiegend fiktiver Natur sind. Während der Bischofsornat in einer spätmittelalterlichen Darstellung des hl. Augustinus durchaus eine präzise Wiedergabe eines liturgischen Gewandes aus der Zeit des Malers sein kann, ist das menschliche Herz in seiner Hand zum einen Symbol, zum anderen aber ein in der Tradition verankertes Erkennungszeichen dieses Heiligen. Allzu drastische oder phantastische Geschehnisse in den Heiligenlegenden wird man in jedem Falle mit Skepsis betrachten. Doch auch anscheinend so nüchterne Illustrationen wie die technischen Darstellungen des Kriegshandbuches „Bellifortis" (Der Kampfstarke) enthalten etliche Elemente, die keinesfalls der militärischen Wirklichkeit der Zeit entsprechen. Manches wurde hier eher mit mehr oder weniger Phantasie aus den Werken antiker Autoren abgeleitet als aus der Praxis wiedergegeben. Bei Illustrationen literarischer Werke kann oft der Text Aufschluß darüber geben, was als außergewöhnliches Element der Handlung oder aus Gründen der Allegorie dargestellt ist und was als Wiedergabe zeitgenössischer Wirklichkeit gelten kann.

BERUFE

Handwerk und Handel sind zweifellos sehr wichtige Elemente des mittelalterlichen Wirtschaftslebens. Die meisten Menschen dürften mit ihren äußeren Aspekten prinzipiell vertraut gewesen sein, gehörten doch Kaufleute, Handelskontore und Werkstätten zu ihrem alltäglichen Lebensumfeld, zumindest in den Städten. Daher reichte in der Regel ein charakteristisches Werkzeug oder Produkt um die Person im Bild als Schneider, Fleischer oder Maurer erkennbar zu machen. Bestimmte Arbeiten können dazu dienen, die Jahreszeit, in der sie normalerweise verrichtet werden, deutlich zu machen, zum Beispiel in Kalenderbildern. Dabei wählte man jedoch zumeist landwirtschaftliche Aktivitäten wie Aussaat und Ernte, die naturgemäß stärker an den Jahreslauf gebunden sind, durchaus aber auch im weiteren Sinne Handwerksarbeiten wie beispielsweise das Schlachten von Schweinen im Winter oder das Backen von Pasteten (Abb. 7).[26] Ein Anlaß zur Darstellung von Handwerkern und Händlern besteht auch dann, wenn sie als Handlungselemente in Legenden und Erzählungen auf-

[26] Gebetbuch Karls des Kühnen von Burgund, Wien, Österreichische Nationalbibliothek, Cod. Vindob. 1857, fol. 13r, Darstellung zum Monat Dezember.

Abb. 7: Pastetenbäcker als Monatsbild zum Dezember.

treten. So beispielsweise in der Legende von der Frau des Schmiedes, die angeblich die Nägel für die Kreuzigung Christi anfertigte (Abb. 8).[27] Daß hier die Frau am Amboß steht und schmiedet, ist ein wesentliches Handlungselement der Legende und wohl keine Wiedergabe der alltäglichen Realität. Denn wenn auch viele Handwerke von Frauen ebenso wie von Männern ausgeübt werden konnten, gehörte das Schmieden mit Sicherheit nicht zu den typisch weiblichen Tätigkeiten. Die Ausstattung der Werkstatt mit Amboß, Esse und Werkzeugen könnte dagegen genau so aus einer normalen Werkstatt entnommen worden sein.

Als die Malerei schließlich beginnt, immer umfassendere Ausschnitte der Wirklichkeit darzustellen, kommen Handel und Handwerk auch als Elemente des städtischen Ambiente mit ins Bild. Schon in den Miniaturen zur Legende des heiligen Dionysius (St. Denis) aus dem frühen 14. Jahrhundert wird das Leben

[27] Hier in der Miniatur der Kreuztragung im Stundenbuch des Etienne Chevallier (Chantilly, Musée Condé, Einzelblatt).

Abb. 8: Kreuztragung, im Vordergrund die Frau des Schmiedes beim Schmieden der Nägel.

am Pariser Seineufer lebendig mitgeschildert (Taf. 5–7). Im 15. Jahrhundert dann finden sich Darstellungen, in denen die Szenerie des alltäglichen Treibens auf den Straßen das eigentliche Bildthema völlig in den Hintergrund drängt (Taf. 41). Sehr verbreitet sind Randillustrationen mit Bildern aus fast allen Lebensbereichen in Handschriften des 14. und 15. Jahrhunderts. Oft sind es Bücher mit eindeutig religiösem Gehalt, die das weltliche Treiben des spätmittelalterlichen Alltags spiegeln, so etwa der englische Lutterell-Psalter (Taf. 8–10). Die sehr seltene Darstellung von Teppichknüpfern findet sich als Illustration zur Bibel (Taf. 28). Der Blick in eine Art Parfumerie dagegen illustriert direkt den Text, der den frommen Leser vor dergleichen Eitelkeiten warnt (Taf. 38).

Handel und Handwerk als eigenes Bildthema bildet eher die Ausnahme. Im Nürnberger Hausbuch der Mendelschen Zwölfbrüderstiftung (Taf. 32–35, 44–45,

48) werden die Bewohner dieser karitativen Einrichtung in ihrer Eigenschaft als Handwerker dargestellt. Dadurch, daß der Beruf zum Hauptcharakteristikum der Person wird, tritt er hier auch als wesentliches Thema des Bildes hervor. Technische Darstellungen von handwerklichen Tätigkeiten in Kompendien sind selten, die entsprechenden Texte bleiben häufiger ohne Abbildungen (vergleiche jedoch Taf. 49). Auch das ausführlich bebilderte Kaufmannsbuch aus dem ausgehenden Mittelalter ist ein seltenes Stück (Taf. 54–55). Zumeist steht hier die Information im Vordergrund, nicht der Schmuck, zumal die Darstellungen nichts Wesentliches zur Informationsvermittlung beitragen. Das Tacuinum Sanitatis käme im Grunde ebenfalls ohne Bilder aus, dennoch haben sich hier ausgesprochen aufwendig illustrierte Exemplare erhalten. Bei den Abschnitten zum gesundheitlichen Nutzen bestimmter Pflanzen mag das Bild durchaus einen praktischen Zweck gehabt haben. Im allgemeinen dürften die Malereien aber eher das Schmuckbedürfnis des Lesers befriedigt haben (Taf. 12–21). Heute gehören sie zu den anschaulichsten Zeugnissen vieler Gewerbezweige, die sonst praktisch nicht im Bild erscheinen (Taf. 50–52). Gar nicht so selten sind realitätsnahe Darstellungen gerade dort zu finden, wo man sie zunächst nicht erwarten würde. Die Reisen des Ritters Mandeville etwa sind alles andere als ein nüchterner Bericht von fernen Gegenden. Trotzdem enthält eine der Handschriften die wohl schönste Wiedergabe einer mittelalterlichen Glasbläserei (Taf. 30).

Überblickt man die hier ausgewählten Beispiele aus dem Zeitraum von rund eintausend Jahren, den man seit der Renaissance als das „mittlere Zeitalter“, zwischen Antike und Neuzeit, bezeichnet, so bietet sich ein höchst lebendiges Bild. Weit mehr als der bloße Bericht in Worten können Bilder die untergegangene Welt der Vergangenheit wieder heraufbeschwören. Es ist eine Welt voll exotisch anmutender Details, die uns dennoch nahe ist, ragt sie doch allenthalben mit Bauwerken, Stadtgrundrissen und Kunstwerken, ja selbst mit Begriffen und Redensarten unserer Sprache in die Gegenwart unserer eigenen Zeit hinein. In den meisten Fällen erhalten wir durch schriftliche Dokumente mehr und genauere Nachricht von Kaufleuten, Handwerkern und ihren Gewerben. Dennoch blieben diese Informationen ohne die suggestive Anschaulichkeit der Bilder oft blaß und abstrakt. Die Einbeziehung möglichst aller authentischer Hinterlassenschaften aus einer vergangenen Epoche wie dem europäischen Mittelalter, einschließlich bildlicher Darstellungen, ist heute für die historische Forschung eine Selbstverständlichkeit. Da die Sprache der Bilder oft leichter verständlich zu machen ist als etwa Urkundentexte, bietet sich hier auch für den interessierten Laien ein unmittelbarer Zugang. Die in den Werken der Buchmalerei aufleuchtende Welt bleibt oft fremd und immer fragmentarisch. Dennoch ist sie nicht nur unsere eigene Vergangenheit sondern sie bleibt auch ein Teil der Gegenwart.

TAFELN

1

Gregor der Große, Moralia in Job, Dijon, Bibliothèque Municipale, ms. 170, fol. 59r, Cîteaux 1111

Zisterziensermönche bei der Waldarbeit

Recht frühe Darstellungen von alltäglicher Handarbeit finden sich in dieser Handschrift aus der Frühzeit des 1098 gegründeten Zisterzienserordens. Dieser Reformorden strebte eine Rückkehr zur Askese des frühen Mönchtums an, die durch die Jahrhunderte und wohl auch durch den Wohlstand vieler alter Klöster verwässert worden war. Dazu gehörte auch der Bau von Klöstern in abgelegenen, wenig erschlossenen Landstrichen, verbunden mit den nötigen Rodungen und der Anlage von Feldern und Gärten. Noch heute kann man feststellen, daß Zisterzienserklöster häufig in landschaftlich reizvollen Tälern mit kleineren Flüssen abseits der alten städtischen Zentren liegen. Der Zisterzienserorden nahm den Grundsatz des hl. Benedikt „bete und arbeite“ durchaus wörtlich, praktizierte jedoch hierbei strikte Arbeitsteilung. Während die eigentlichen Mönche, die „patres“, sich der geistigen Arbeit und dem Gotteslob widmeten, fielen den „Laienbrüdern“, den „fratres“, die körperliche Arbeit und die handwerklichen und landwirtschaftlichen Aufgaben zu. Den vielfach aus dem Hochadel stammenden „Herrenmönchen“ wären im übrigen Arbeiten wie die Waldrodung wohl kaum zu vermitteln gewesen.
Die Initiale „Q“ (*Quia amici beati Iob...*) zeigt zwei Laienbrüder beim Spalten eines Baumstammes mit Spaltaxt und Hammer. Die Tonsur kennzeichnet den geistlichen Stand, der schon recht abgetragene Zustand der Gewänder zeigt, daß es sich hier um monastische Arbeitskleidung handelt. Die in einer späten karolingischen Minuskel geschriebene Handschrift ist, bei aller Sorgfalt der Ausstattung, doch ein Beispiel für die Zurückhaltung des Ordens in allen Fragen des Schmuckes und der Prachtentfaltung: Gold und aufwendige Miniaturen sucht man hier vergeblich.

2

Predigten des hl. Basilius zum Hexameron, Schöpfungs- und Urgeschichte, Paris, École nationale superieur des Beaux Arts, ms. 12 (Einzelblatt), Nordfrankreich 2. Hälfte 12. Jahrhundert

Zimmerleute bei Hausbau und Balkenbearbeitung

Die Bildmedaillons dieses als Fragment erhaltenen Einzelblattes aus einer Handschrift des 12. Jahrhunderts zeigen überwiegend Darstellungen aus der Schöpfungs- und Urgeschichte der Bibel. Zwei der kleinen, in Rot und Blau hinterlegten Bildfelder illustrieren jedoch auch Szenen zum Hausbau, die zeitgenössisches Werkzeug und Arbeitstechnik des Hochmittelalters erkennen lassen. Zum einen sind zwei Handwerker zu sehen, die an einem hier stark verkleinerten, beziehungsweise als Kürzel wiedergegebenen Haus arbeiten. Während der linke einen großen Hammer schwingt – wahrscheinlich als Holzhammer zu deuten –, ist der rechte damit beschäftigt mit dem „Brustbohrer" ein Loch zu bohren. Dabei ist sehr deutlich zu erkennen, wie dieses universale Holzbearbeitungswerkzeug des Mittelalters eingesetzt wird. Der Bohrschaft aus Metall, oder doch mit metallener Spitze, ist am hinteren Ende abgerundet und meist mit einem Knauf oder einem flachen Endstück versehen, so daß man die Spitze mit der Brust fest ins Holz drücken kann. Ein meist geschwungenes Querholz dient dazu, den Bohrer mit beiden Händen zu drehen und so ein Loch in ein Brett oder einen Balken zu schneiden. Das ebenso einfache wie effiziente Werkzeug wurde von Zimmerleuten, Schreinern und allen anderen holzverarbeitenden Berufen verwendet. Das Bildmedaillon direkt darunter läßt einen weiteren Zimmermann erkennen, der einen auf einer Werkbank festgepflockten Balken mit dem Haubeil bearbeitet. Offenbar kamen neben einfachen Böcken, auf denen man Werkstücke mit Eisenklammern befestigen konnte (Taf. 27), auf Baustellen auch solche transportablen Werkbänke auf Beinen zum Einsatz, auf denen man Hölzer mit Hilfe von Pflöcken fixierte, die in vorgegebene Bohrungen geschlagen werden konnten.

3

Reiner Musterbuch, Wien, Österreichische Nationalbibliothek, Cod. Vindob. 507, fol. 2r, Österreich Anfang 13. Jahrhundert

Weber, Wirker, Gerber und Schuhmacher

Das „Reiner Musterbuch“ aus der Zeit um 1200 ist die früheste derartige Vorlagensammlung für Maler und Kunsthandwerker, die sich erhalten hat. Es enthält einige figürliche Darstellungen, aber auch Muster für Rankeninitialen und Flechtbandornamente, wie sie in der Buchkunst Verwendung fanden. Letztere kamen auch als ornamentaler Schmuck von Bodenfliesen, Kleinmöbeln, architektonischen Zierelementen oder anderen Arbeiten in Frage. Die sorgfältig ausgeführten Federzeichnungen zeigen die typischen Merkmale der romanischen Epoche mit ihren linear fließenden Gewandfalten und der architektonischen Rahmung der Bildfelder. Die unteren beiden Szenen zeigen die Jagd und den Fischfang mit einem Netz. Oben sind verschiedene handwerkliche Tätigkeiten dargestellt. Ganz links ist eine Weberin zu sehen, die an einem einfachen Gewichtswebstuhl arbeitet, wie er seit der Antike in Gebrauch war. In der Epoche der Reiner Handschrift wurde er jedoch schon vom weiterentwickelten Flachwebstuhl mit Trittmechanik abgelöst (vgl. Taf. 31). In der linken Hand hält die Weberin ein Garnknäuel, wohl für den Schußfaden, mit der rechten klopft sie das Gewebe fest. Rechts davon sind zwei Wirker zu erkennen, die ebenfalls an einem Rahmen mit senkrecht gespannten Fäden arbeiten (Haut-lisse). Der linke Wirker bildet mit den beiden zwischen die Kettfäden gesteckten Stäben die Fächer zur Aufnahme des Schußfadens, der rechte hält einen Klopfer in der Hand, um das Gewebe festzuklopfen. In seiner linken Hand sieht man eine Schere. Die Lunette im Scheitel des Bogens zeigt eine Halbfigur mit Weberschiffchen und Webkamm als typische Werkzeuge des Weberhandwerks. Schon bald sollten die hier dargestellten einfachen, senkrecht stehenden Webstühle durch den waagrechten, mechanischen Trittwebstuhl abgelöst werden.

Im rechten Bildfeld sind, jeweils unter einem eigenen kleinen Dach, links ein Gerber und rechts ein Schuhmacher zu erkennen. Der Gerber zieht ein Stück Leder über ein hierfür an der Wand befestigtes Instrument, um es geschmeidig zu machen. Der Schuhmacher ist gerade dabei, einen Leisten aus dem Stiefel vor ihm zu entfernen, in einer Schale auf dem Boden hat er weitere Schuhe liegen. Die Lunettenfigur hält eine Ahle und ein Instrument zum Walken des Leders in den Händen.

Weberei und Schuhmacherei, wie überhaupt die Bekleidungsherstellung, waren bedeutende Wirtschaftsfaktoren. Da gute Kleidung im Verhältnis zum Durchschnittseinkommen erheblich teurer war als in unserer Zeit, konnten hiermit ganz erhebliche Umsätze erzielt werden. Für die Wohlhabenderen war aufwendige Kleidung ein deutlich sichtbares Statussymbol. Die Stücke wurden nicht etwa weggeworfen, wenn man sie nicht mehr tragen wollte, sondern zumeist weiterverwertet. Besätze wie seidene Borten oder Pelze konnten an neuen Kleidern noch einmal zum Einsatz kommen, auch wertvolle Stoffe dürften mehrfach verwendet worden sein. Normale Kleider wurden oftmals in der sozialen Hierarchie nach unten weitergereicht. Was der Herr nicht mehr wollte, konnte sein Knecht noch tragen. Im 14. und 15. Jahrhundert fand die übliche leinene Unterwäsche, wenn sie abgetragen war, nicht selten den Weg in die Papierherstellung, die ganz auf der Basis von Leinenlumpen produzierte (Hadernpapier).

4

Reiner Musterbuch, Wien, Österreichische Nationalbibliothek, Cod. Vindob. 507, fol. 2v (unten links), Österreich Anfang 13. Jahrhundert

Maler und Schreiber

Eines der Bildfelder im „Reiner Musterbuch" aus dem 13. Jahrhundert (vgl. Taf. 3) zeigt links einen Schreiber bei der Arbeit, rechts einen Maler, der gerade dabei ist, ein großformatiges Bild zu vollenden. Der Schreiber sitzt auf einem aufwendig gestalteten, recht hohen Pfostenstuhl, die Füße auf einem kleinen Podest, das möglicherweise zu seinem Schreibpult gehört. Das Pult hat eine stark geneigte Schreibplatte, die anscheinend ausschließlich von einer kräftigen, gedrechselten Säule getragen wird. In der linken Hand hält er das Federmesser, mit dem er auch die Seite zum Schreiben an die Unterlage drückt, mit der rechten führt er den Federkiel. Trotz seiner recht unspezifisch gestalteten Kleidung ist der Schreiber durch die deutlich erkennbare Tonsur als Mönch zu identifizieren. Der Maler ihm gegenüber ist dagegen anhand des vollen Haares ohne Tonsur und der weltlichen Kleidung eindeutig als Laie gekennzeichnet. Die Gegenüberstellung von mönchischem Schreiber und weltlichem Maler findet sich in einigen Handschriften, so daß sich die Frage stellt, ob hier nicht doch eine häufiger anzutreffende Konstellation wiedergegeben wird. Die Bibel des Hamburger Dekans Bertholdus von 1255 etwa, heute in Kopenhagen, zeigt in ihren Bildinitialen ebenfalls den Schreiber als Mönch, den Maler jedoch als Laien. Im Falle des Malers Hildebertus mit seinem Lehrling Ewerwinus[28] in einer Miniatur von 1136 liegen die Dinge nicht ganz so klar. Der Maler scheint trotz seiner eindeutig weltlichen Kleidung eine Tonsur zu haben, sein Gegenüber, der Schreiber „R" dagegen ist auch anhand des Habits unzweideutig als Mönch zu erkennen. Ob Hildebertus die niederen Weihen empfangen hatte, was einen durchaus weltlichen Lebensstil nicht ausschloß, oder sein sich lichtendes Haar vielleicht als individuelles Merkmal ins Bild gesetzt hat, ist wohl nicht sicher zu entscheiden. Schließlich sieht man in einer weiteren Darstellung des 13. Jahrhunderts einen „Wernherus pictor" (Werner, den Maler) als Laie dem Mönch und zeitweiligen Abt des Klosters Zwiefalten, Reinhard von Munderkingen, gegenüberstehen.[29]

Der Maler im vorliegenden Bild ist nicht mit einer Buchillustration beschäftigt, sondern arbeitet in größerem Maßstab. Ob es ein Wandbild ist oder ob hier etwa ein Stück Stoff bemalt wird, ist nicht genau zu erkennen. Ein Tafelbild ist es höchstwahrscheinlich nicht. Erstens fehlen hierfür Rahmen und Stütze, zweitens aber wäre ein Tafelbild dieser Größe mit weltlicher Thematik – ein junger Mann mit Blumensträußen – für das 12. Jahrhundert nach unserem Kenntnisstand höchst ungewöhnlich. Als Wandbehang, Vorhang oder Wandmalerei wäre das Bild dagegen gut vorstellbar. Zumindest kann man sagen, daß solche weltlichen Malereien in diesem Bereich existiert haben müssen, auch wenn sich davon aus dieser Zeit nur wenig erhalten hat. Eine höchst interessante Darstellung zur Malerei der romanischen Epoche ist die Zeichnung des Musterbuches aber auf jeden Fall.

[28] Beiden begegnen wir auch in einer Handschrift der Kapitelbibliothek in Prag (Cod. A 21, fol. 153a), siehe auch Einleitung, Abb. 5.

[29] Bibel des Bertholdus: Kopenhagen, Kongelige Bibliotek, Ms. 4.2°, Band 2, f. 137v und Band 3, f. 208r. Hildebertus und Ewervinus: Stockholm, Kungliga Bibliotek, A. 144, f. 34r. Wernherus pictor: Stuttgart, Württembergische Landesbibliothek, Cod. hist. fol. 420, f. 1r. Vergleiche hierzu: Alexander, Medieval Illuminators, S. 14–22, Abb. 18–20 und 32–33.

5

Vie de Saint Denis, Paris, Bibliothèque Nationale de France, ms. fr. 2091, fol. 127r, Paris um 1317

Weinhandel auf der Seine

Die Miniatur aus der heute in drei Bände gebundenen Prachthandschrift mit der Legende des hl. Dionysius zeigt oben, im Hauptteil des Bildfeldes, eine Szene aus dem Leben des Heiligen, darunter ist das Seineufer mit regem städtischen Treiben dargestellt. So entfaltet sich die Geschichte von Wirken und Martyrium des Stadtpatrons unmittelbar im zeitgenössischen Paris, wie es der Maler wie der Auftraggeber des Codex kannten und täglich vor Augen hatten. Auf der Seine sind drei Boote eines Weinhändlers zu sehen, der seine Ladung offenbar unmittelbar vom Schiff aus verkauft. Während ein Mann im mittleren Boot den Wein kostet, ist ein weiterer im rechten Boot mit dem Händler im Gespräch. Er deutet mit der rechten Hand auf ein Faß, während er seinem Gegenüber mit der linken etwas in die aufgehaltene Hand legt. Mit hoher Wahrscheinlichkeit ist hier der Verkauf dargestellt und nicht, wie ebenfalls vermutet, der Händler mit dem städtischen Zolleinnehmer. Auf der linken Seite am Ufer ist ein geschlossener Reisewagen mit Fensterchen und Insassen zu erkennen, der Kutscher sitzt auf einem der Pferde. Solche Wagen wurden zumeist von wohlhabenderen Personen benutzt, oftmals auch von Frauen. Sie boten Platz für mehrere Personen und einen gewissen Schutz vor der Witterung. Trotz gelegentlich prächtiger Ausstattung waren sie ungefedert und verfügten auf den zumeist schlechten Straßen nur über bescheidenen Komfort. Rechts im Bild ist ein Arzt mit seiner Patientin zu erkennen. Der Arzt hält mit seiner rechten Hand ein Urinal in die Höhe, um nach der Urinschau seine Diagnose zu stellen, während die vor ihm stehende Patientin ihm schon das Honorar in die Hand drückt. Die Beurteilung des Urins nach Farbe, Konsistenz und Geruch war im Mittelalter eine der wichtigsten Methoden der ärztlichen Diagnose. Deshalb ist das Uringlas in vielen Bildern geradezu das Erkennungszeichen des Arztes. Eine weitere Untersuchungsmethode bestand in der Beurteilung des Pulsschlages.

Die Handschrift wurde wahrscheinlich für König Philipp IV. von Frankreich begonnen, jedoch erst für seinen Nachfolger Philipp V. fertiggestellt. Der königliche Empfänger hatte in diesem herrlichen Codex nicht nur die Legende des französischen „Nationalheiligen“ vor Augen sondern auch das reiche Wirtschaftsleben seiner Hauptstadt als handgreiflichen Beweis für seine gute und erfolgreiche Regierung. Auftraggeber war der Abt von St. Denis, des mit der Krone aufs engste verbundenen Klosters vor den Toren von Paris.

parisius
stos prelatos ad se pater iste uocatos
admonet ut presto sint hy certamine gesto.

Vie de Saint Denis, Paris, Bibliothèque Nationale de France, ms. fr. 2091, fol. 111r, Paris um 1317

Werkstätten und Läden auf einer Brücke

Auch auf dieser Darstellung der Pariser Seinebrücke herrscht lebhaftes Treiben. Ein weiteres Frachtboot mit Fässern auf dem Wasser zeigt die rege Nutzung des Wasserweges durch Händler. Auf der Brücke sieht man links einen Geldwechsler, vor dem auf dem Tisch einige, in der Darstellung etwas groß geratene Münzen liegen. Im nächsten Kompartiment arbeitet ein Goldschmied an seinem Amboß. Durch das sich anschließende Tor eilt ein Lastenträger mit seiner Schubkarre. Die Griffe hält er nicht nur in der Hand, sie sind, zur besseren Abstützung des Gewichtes, auch mit einem Riemen versehen, der über die Schultern des Mannes gelegt ist. Ganz rechts ist ein Ladeninhaber zu sehen, der einer Bettlerin mit einem kleinen Kind auf dem Rücken ein Almosen gibt. In der Tat beherbergten innerstädtische, aus Stein gebaute Brücken zumeist eine Vielzahl von Läden und Werkstätten. Gerade Goldschmiede und verwandte Berufe sind immer wieder auf Brücken zu finden. In Florenz beispielsweise hat sich die Tradition der Juweliere auf dem Ponte Vecchio bis heute erhalten.

Geldwechsler erfüllten im übrigen eine wichtige Funktion in einer Zeit der vielfältigen Währungen und Münzsysteme. Obwohl im späteren Mittelalter von den regionalen Münzstätten geprägte Münzen in der Regel die jeweils gängigste Währung gewesen sein dürften, waren sie doch niemals die einzige. Da der Wert der Münzen in ihrem Gehalt an Edelmetall – zumeist Silber – bestand, konnte man prinzipiell mit jeder Münze bezahlen. Allerdings schränkte nicht nur die Tendenz der Münzherren, ihre Prägungen immer leichter zu machen, unter Umständen die Akzeptanz der Verkäufer ein - größere Mengen wurden ohnehin abgewogen - sondern diese wurde vor allem durch Verschlechterungen des Feingehaltes beeinträchtigt. Die alltäglichen Geschäfte wurden in erster Linie in silbernen Pfennigen durchaus unterschiedlicher Herkunft abgewickelt, die die Standardwährung darstellten. Im späteren Mittelalter – wie hier – waren auch die schwereren „Tournosen" gebräuchlich. Einheiten wie die „Mark", das „Pfund" oder die „Lira" und der „Schilling" (solidus) sind zunächst Gewichtseinheiten, d. h. eine bestimmte Menge Silber, die in einer entsprechenden Anzahl der jeweiligen Pfennige bestand. Bei besonders leichtgewichtigen Prägungen waren das natürlich mehr als bei „solideren" Münzen. Ab dem 13. Jahrhundert gab es für größere Summen auch Goldmünzen, den „Florin" oder „Gulden". Besonders stabile Währungen genossen im Mittelalter einen guten Ruf und wurden daher bei Geschäften bevorzugt. Bei der Vielzahl der Münzsorten, die gerade in den Wirtschafts- und Fernhandelszentren im Umlauf waren, bestand Bedarf an professionellen Wechslern, die auch exotischere Währungen in gängige Münzen eintauschten und Bankgeschäfte für den örtlichen Bedarf abwickelten.

S. dion.
Verbis affatim pater exemplisq; docebat
Saluans paulatim quos a plurimis retinebat
Et gens effrenus dum ubique hinc inde penis
Nonnulli credunt. alii terrore recedunt

7

Vie de Saint Denis, Paris, Bibliothèque Nationale de France, ms. fr. 2092, fol. 37v, Paris um 1317

Flußmühlen auf der Seine

Im allgemeinen wurde das Getreide nach Bedarf gemahlen. Gelagert, gehandelt und transportiert hat man es vorzugsweise als ungemahlenes Korn. Mühlen wurden daher nicht nur auf dem Land gebraucht, sondern auch in den Städten. Gerne nutzte man hier die Antriebskraft von Flüssen, auch wenn diese durch die meist geringe Fließgeschwindigkeit nicht so effizient waren wie Mühlen, die ein größeres Wassergefälle nutzen konnten (vgl. Taf. 10). Eine besondere Form der Flußmühle ist auf der Miniatur aus der Legende des hl. Dionysius („Saint Denis") zu sehen. Die auf Schiffe oder Pontons gebauten Flußmühlen hängen unter den Bögen der steinernen Seinebrücke. So konnten sie sicher vertäut werden, profitierten von der höheren Fließgeschwindigkeit zwischen den Brückenpfeilern und waren nicht auf den knappen Platz am Ufer angewiesen. Die Anlieferung des Getreides und der Abtransport des Mehls mußten jedoch mit Booten bewerkstelligt werden, da von der Brücke aus kein Zugang nach unten bestand. Deutlich sichtbar sind die großen Mühlräder, die von vorn gesehenen Schiffsrümpfe und, darauf montiert, das Räderwerk der Kraftumlenkung und die Mühlsteine mit ihren Einfülltrichtern. Natürlich mußte das Ganze auch vor Regen und Schnee geschützt werden, deshalb baute man über das Mahlwerk ein Gehäuse mit Dach. Die Anlage mit ihrem hoch aufragenden Aufbau und dem schweren Mühlrad auf einem schmalen Bootskörper dürfte im freien Wasser kaum manövrierfähig gewesen sein, so daß man vermuten kann, daß die hier wiedergegebenen Schiffsmühlen dauerhaft an der Seinebrücke verankert waren. Von anderen Darstellungen kennt man jedoch auch frei schwimmende Mühlenschiffe, die wohl durchaus beweglich blieben, so daß man sie vor Hochwasser und Eisgang in Sicherheit bringen konnte. Ufermühlen an Flüssen waren ebenfalls sehr verbreitet, man kann sie oftmals noch auf den Stadtansichten des 16. und 17. Jahrhunderts erkennen, beispielsweise auf den Stichen Matthäus Merians.

8

Luttrell-Psalter, London, British Library, Add. Ms. 42130, fol. 78v,
England um 1330–1340

Messerschleifer

Die Randillustrationen des Luttrell-Psalters aus Südengland zeigen vor allem Szenen aus dem Landleben und der Landwirtschaft. Dazu gehören jedoch oft auch handwerkliche Tätigkeiten und Techniken, die auch für andere Gewerbezweige vonnöten waren. Hier etwa sieht man drei Personen beim Schleifen eines Messers auf einem großen rotierenden Schleifstein. Ein solches Gerät lohnte sich nur auf einem größeren Anwesen oder in einer Werkstatt, wo viele Klingen oder andere Werkzeuge zu schleifen waren. Der Stein von ungefähr 50–60 cm Durchmesser rotiert auf einer Welle mit zwei Handkurbeln. Vermutlich muß man ihn sich auf einem stabilen Gestell montiert vorstellen, die Abbildung deutet an, daß der Stein im unteren Teil in einem Wasserbehälter läuft, so daß er ständig gut feucht bleibt. Hierdurch setzt sich die Körnung nicht zu, es staubt nicht und man riskiert keine Funkenbildung. Die Arbeiter tragen ein einfaches, knielanges Gewand mit anliegenden langen Ärmeln und lange Strümpfe. Letztere dürften in der Regel mit Ledersohlen bestückt gewesen sein, oder auch im unteren Bereich ganz aus Leder gefertigt, denn oftmals sind auf Darstellungen keine zusätzlichen Schuhe zu erkennen. Die Gewänder waren mit einem Gürtel versehen, so daß man sie bei Bedarf auch weiter hochraffen konnte. Zumindest bis zum späten 14. Jahrhundert muß man sich so die normale Alltagskleidung des männlichen Teiles der arbeitenden Bevölkerung vorstellen. Frauen trugen ähnliche, aber knöchellange Kleider, die Kopfbedeckungen sind landschaftlich unterschiedlich. Im allgemeinen jedoch trugen verheiratete Frauen ein Kopftuch oder eine Haube, daher stammt die noch heute gebräuchliche Redensart, daß jemand „unter die Haube kommt“. Lange Hosen als normale Bekleidung für Männer kamen erst später in Gebrauch.

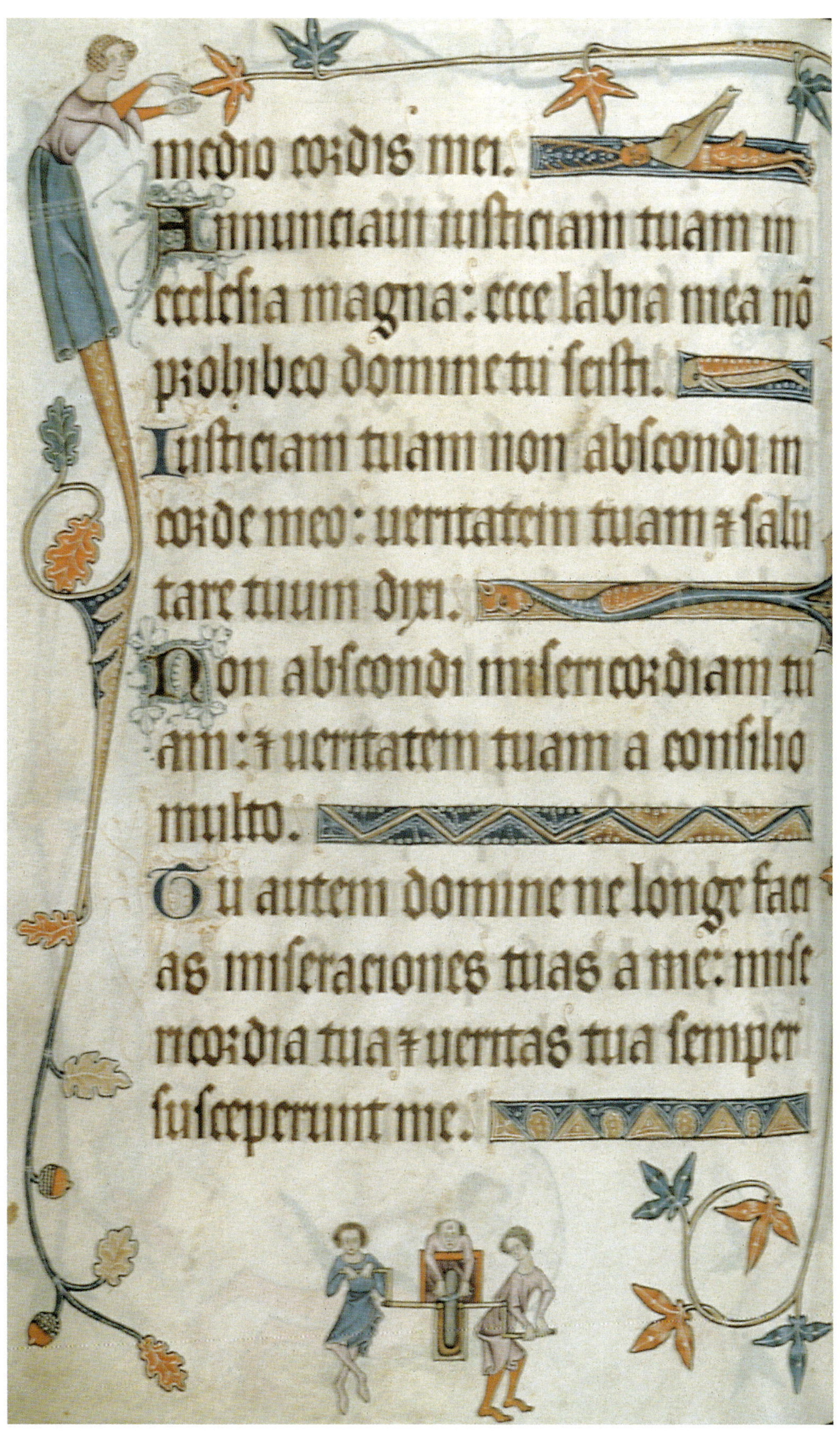

medio cordis mei.
Annunciaui iusticiam tuam in
ecclesia magna: ecce labia mea nō
prohibeo domine tu scisti.
Iusticiam tuam non abscondi in
corde meo: ueritatem tuam ⁊ salu
tare tuum dixi.
Non abscondi misericordiam tu
am: ⁊ ueritatem tuam a consilio
multo.
Tu autem domine ne longe faci
as miseraciones tuas a me: mise
ricordia tua ⁊ ueritas tua semper
susceperunt me.

Luttrell-Psalter, London, British Library, Add. Ms. 42130, fol. 70v, England um 1330–1340

Kesselflicker

Eine Randillustration des englischen Luttrell-Psalters zeigt einen wandernden Kesselflicker, der gerade von einem Hund angefallen wird. Bei den übers Land ziehenden Gewerben dürfte die Auseinandersetzung mit den Wachhunden der jeweiligen Anwesen zu den üblichen Unannehmlichkeiten gehört haben. Der Kesselflicker trägt sein Werkzeug und vor allem einen Blasebalg auf dem Rücken, ein Reit- oder Lasttier scheint er sich nicht leisten zu können. Dennoch erfüllten Kesselflicker eine wichtige Funktion, nicht nur auf dem Land. Metallene Kessel und Becken waren teure Einrichtungsgegenstände, auf die man sowohl auf einem Bauernhof als auch in einem größeren Stadthaushalt sicher nicht gut verzichten konnte. Ein durch Abnutzung oder Korrosion undicht gewordener Kessel war zu wertvoll, um ihn einfach wegzuwerfen, man ließ ihn bei Gelegenheit flicken. Dabei konnte man aus Blech einen Flicken aufsetzen und diesen verlöten oder eventuell auch verschweißen. Für ein Feuer, das genügend Hitze abgab, benötigte man Holzkohle und einen Blasebalg, der hier als Erkennungszeichen des Berufsstandes auftritt. Kesselflicker gehörten im Mittelalter und weit darüber hinaus zu den Handwerkern, die man zwar regelmäßig brauchte, dies aber zumeist nur in längeren Abständen. Für eine ortsfeste Tätigkeit wäre somit wohl nicht genug Arbeit angefallen. Zudem war es wohl praktischer, die schweren Kessel vor Ort instand zu setzen.

10

Luttrell-Psalter, London, British Library, Add. Ms. 42130, fol. 181r, England um 1330–1340

Wassermühle

Mühlen gehörten zu den unverzichtbaren Gewerbebetrieben des Mittelalters, ob auf dem Land oder in der Stadt. Vor allem ab dem 13. Jahrhundert gab es dabei eine ganze Reihe von technischen Ausführungen, von der hier dargestellten oberschlächtigen Wassermühle mit aufgestautem Mühlbach über die Flußmühlen am Ufer oder auf vertäuten Schiffen (vgl. Taf. 7), bis hin zu den Windmühlen, meist Bockwindmühlen, die sich je nach Windrichtung drehen ließen. Der Besitz einer Mühle bedeutete ein regelmäßiges, sicheres Einkommen, allerdings war hierfür zuerst einmal ein ganz erhebliches Kapital erforderlich. Daher waren viele Mühlen im Besitz der jeweiligen Grundherren oder der Städte. Wer sein Getreide mahlen ließ, mußte dafür bezahlen, entweder mit Geld oder, weit häufiger, indem der Müller einen Anteil am gemahlenen Getreide erhielt. Eine Mühle wie die im Luttrell-Psalter abgebildete erforderte einen erheblichen Aufwand beim Bau wie bei der Unterhaltung. Da der schwere Mühlstein sich horizontal auf einer senkrechten Achse drehte, mußte die Drehbewegung des Mühlrades um 90 Grad umgelenkt werden, was mit einem aus Holz gebauten Winkeltrieb mit „Kron"- und „Laternenrad" geschah. Die Achse des Mühlrades war zunächst meist in Holz oder Stein gelagert und nutzte sich trotz sorgfältiger Schmierung schnell ab. Auch die ganze Holzmechanik war einer erheblichen Abnutzung unterworfen und mußte dadurch in kurzen Abständen überholt und erneuert werden. Ein Wasserrad mit aufgestautem Mühlbach und oberschlächtiger Beschickung entwickelte erhebliche Kräfte, konnte jedoch nur dort gebaut werden, wo ein Bach mit ausreichendem Gefälle zur Verfügung stand. Dafür nutzte man den aufgestauten Mühlbach auch gerne für die Reusenfischerei, so wie man es auch hier deutlich erkennen kann. Die Reusen wurden aus biegsamen Weidenruten hergestellt, die Fischerei stand in der Regel dem Besitzer oder Pächter des Grundstükkes und der Mühle zu. Bei den Mühlen befand sich oftmals auch eine Bewirtung mit Ausschank, was weitere Gewinne ermöglichte und vielen Mühlen an abgelegenen Orten einen moralisch zweifelhaften Ruf einbrachte. Zumal der Müller prinzipiell immer im Verdacht stand, seine Kunden beim Abmessen des Mehls zu übervorteilen.

te: longe fecit a nobis iniquitates
nostras
Quomodo miseretur pater filiorū
misertus est dominus timentibus
se: quoniam ipse cognouit figmen

11

Fendulus, Liber astrologiae, London, British Library, Sloane Ms. 3983, fol. 5r, Südliche Niederlande Mitte 14. Jahrhundert

Schmiede

Das Schmiedehandwerk gehört zu den ebenso alten wie wichtigen Berufen. Eiserne Werkzeuge und Waffen waren unverzichtbar und vergleichsweise teuer. Da das Roheisen durch wiederholtes Erhitzen und ausdauerndes Schmieden mit dem Hammer zu elastischerem und leichter formbarem Schmiedeeisen umgeformt wurde, war schon die Produktion des Grundmaterials äußerst mühsam. Weil das Roheisen viel Kohlenstoff enthält, was es hart, aber auch spröde und schlecht formbar macht, muß der Kohlenstoffgehalt durch die weitere Verarbeitung verringert werden. Diese Herstellung von Stahl und schließlich von weichem Schmiedeeisen zeigt die rechte Seite der Miniatur. „Ferrarii duo demulcent ferrum", erklärt die Beischrift: zwei Schmiede machen das Eisen weich. Mit großen Hämmern bearbeiten sie ihr Werkstück auf einem Amboß, der in einem Block verankert ist. Zum Schutz gegen das Feuer und die abspringenden Funken tragen die beiden Schmiede lange Lederschürzen, einer der beiden hat zusätzlich ein Tuch um den Kopf geschlungen. Auf der linken Seite sieht man die Esse mit einem Rauchabzug darüber und weitere Werkzeuge, einen Hammer und eine kräftige Zange zum Festhalten der glühenden Werkstücke. Hinter der Esse sind zwei große Blasebälge erkennbar, die über Seile und eine Wippe miteinander verbunden sind. Wird der eine Blasebalg zusammengedrückt, so wird der andere über den Seilzug gleichzeitig wieder auseinandergezogen. Nur mit einem solchen Gebläse waren so hohe Temperaturen erreichbar, daß man Eisenteile problemlos verschweißen konnte. Als Heizmaterial diente Holzkohle, die man in der Miniatur unterhalb der Blasebälge erkennen kann. Eine Schaufel dient zum Beschicken der Esse.

Der hohe Materialpreis bei Metallen war auch durch lange Transportwege bedingt, denn Eisenerz wurde nur an relativ wenigen Stellen abgebaut. Allerdings nutzte man auch kleine und wenig ergiebige Vorkommen konsequent. Rohmetalle gehörten seit frühester Zeit zu den wichtigsten Gütern des Fernhandels. Auch die erheblichen Kosten für das Brennmaterial spielten eine Rolle. So versuchte man, das kostbare Material sparsam zu verwenden. Spaten etwa wurden aus Holz hergestellt, lediglich die untere Kante wurde mit Eisen beschlagen.

vir flaui coloris torqu ligneu portat in manu·
folles
igs
malleu·
incudis
·ferrarij duo demulcent ferrum

12

Tacuinum sanitatis, Wien, Österreichische Nationalbibliothek, Cod. Vindob. S.N. 2644, fol. 46r, Oberitalien um 1390

Laden für Lebensmittel und Haushaltswaren

In den Städten des hohen und späten Mittelalters waren Ladengeschäfte mit Auslagen und Verkaufstheke ein alltägliches Bild. In der Regel wurde die breite Öffnung nach außen in der Nacht und außerhalb der Verkaufszeiten durch hölzerne Klappläden verschlossen. So gibt die Miniatur in einer italienischen Handschrift des „Tacuinum sanitatis“ (vgl. Taf. 50) ein durchaus realistisches Bild eines städtischen Ladengeschäftes. Der Kaufmann hinter der Theke hantiert mit einer Balkenwaage, mit der er den Reis für die Kundin links von ihm abwiegt. Rechts auf der Theke stehen Schachteln und andere Behälter mit ähnlichen Waren. Ein Wandbord im Hintergrund zeigt zumeist kleinere Döschen und Behälter, besonders ins Auge fallen jedoch die zahlreichen Kerzen, die von der Decke hängen. Einzelne, große und ganze Bündel von kleinen Kerzen stehen zum Verkauf und erinnern daran, daß mit ihnen ein Großteil der künstlichen Beleuchtung bestritten wurde. Prinzipiell standen Talg- und Wachskerzen zur Verfügung, letztere waren erheblich teurer. Daneben bestand die Möglichkeit, nachts mit Öllampen, Fackeln und Kienspänen (gespaltenen Stäben aus harzhaltigem Holz) für Licht zu sorgen. Gemeinsam war all diesen Beleuchtungen, daß ihre Unterhaltung Geld kostete und mit allerlei Mühen, Unannehmlichkeiten sowie einer erheblichen Feuergefahr verbunden war.
Links hinter der Kundin ist zudem noch ein in Stoff verschnürter Warenballen zu erkennen. Solche Pakete kann man auch in Darstellungen von Schiffen oder Packtieren sehen. Frische Waren, wie Obst oder Gemüse, stehen hier nicht zum Verkauf. Sie dürften vor allem an mobilen Marktständen feilgeboten worden sein. Andere Miniaturen der Handschrift zeigen etwa den Verkauf von Rosinen, Mandeln oder Nüssen in vergleichbaren Läden.

Riçon.

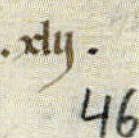

Riçon. ꝯplo. fri. ⁊ sic. in 2. Electō margaritinum. albū q̄ crescit i coctura. iuuam̄. ꝯfert ardori stōa
⁊ dissintie. Nocum̄. infert patientibz colicam ⁊ stipticis. Remō nocti cū olo ⁊ lacte ⁊ zuccaro. Qd
gn̄at nutrim̄tum laudabile. Conueit. ca. ⁊ hu. omni etate yeme ⁊ in omnibz regiōibz.

13

Tacuinum sanitatis, Wien, Österreichische Nationalbibliothek, Cod. Vindob. S.N. 2644, fol. 45v, Oberitalien um 1390

Herstellung von Nudeln

Zwei Frauen sind hier damit beschäftigt, Nudelteig zu kneten und die bereits fertigen Nudeln auf einem Gitterrost zum Trocknen auszubreiten. Die langen dünnen Nudeln erinnern durchaus an die heute in Italien gebräuchlichen Spaghetti oder feinen Tagliatelle. Auch durch Kochbücher des späteren Mittelalters sind wir über die Teigwaren, gerade auch der mediterranen Küche gut informiert. Ein Kochbuch des 14. Jahrhunderts in lateinischer Sprache beispielsweise führt etliche Varianten der „Lasagne“ auf, die wie heute aus einer Kombination von Soßen und anderen Füllungen mit Nudelstreifen oder Platten bestehen. Die heute obligatorische Tomatensoße kannte die europäische Küche jedoch noch nicht – die Tomate stammt aus Mittelamerika und konnte damit erst nach der Entdeckung der Neuen Welt vor allem im südlichen Europa Verbreitung finden.

xlij.
Tri.

14

Tacuinum sanitatis, Wien, Österreichische Nationalbibliothek, Cod. Vindob. S.N. 2644, fol. 82v, Oberitalien um 1390

Handel mit gesalzenem Fisch

In den Küstenregionen war die Fischerei ein wichtiger Wirtschaftszweig. Da jedoch der frische Fisch nur in der unmittelbaren Umgebung abgesetzt werden konnte, wurden große Mengen auch konserviert und über größere Entfernungen gehandelt. Auch in Zeiten, in denen die Fischer wegen widriger Witterung nicht ausfahren konnten, war man auf konservierten Fisch angewiesen. Prinzipiell konnten Fische geräuchert, getrocknet, gesalzen und sauer eingelegt werden. Am verbreitetsten dürften die gesalzenen Fische und der luftgetrocknete Stockfisch gewesen sein. Wie in der Miniatur deutlich zu erkennen, wurden die gesalzenen Fische vor allem in Fässern aufbewahrt und transportiert. Zwei flache Körbe sind ebenfalls zu sehen, die wohl vor allem als Auslage dienen. Auch hier ist die allgemein gebräuchliche Balkenwaage mit zwei Waagschalen und Einzelgewichten im Einsatz.
Das benötigte Salz wurde aus Meerwasser oder Solequellen gewonnen. Wo im Binnenland salzhaltige Quellen vorhanden waren, wurden sie von Salzsiedern genutzt. Auch der Abbau von Steinsalz war bekannt. Da es zwar überall benötigt wurde, aber nur an wenigen Orten gewonnen werden konnte, war Salz eines der wichtigsten Güter des überregionalen Handels.

Pisces saliti. cplo. ca. 7 sic. in 2°. Electio. saliti ex longinquo. uina. ex flaticis. qui liquefacit. et
exiccant flegma. Nocumentum faciunt impetigine; 7 scabie;. Remo noceti cu uino rubeo bulito.
Qd generant humore e aptum ad morfea; nigram conveniunt mag. fris. 7 huis. scib;. hyeme 7. fris.
regionib;. 7. huis.

15

Tacuinum sanitatis, Wien, Österreichische Nationalbibliothek, Cod. Vindob. S.N. 2644, fol. 53v, Oberitalien um 1390

Apotheker

Die Seite des „Tacuinum sanitatis" (vgl. Taf. 50–52) zum Theriak, einem aus einer Vielzahl von Heilkräutern bereiteten medizinischen Sirup, zeigt die Ladentheke eines Apothekers. Zwei Regalbretter mit allerlei kleinen Dosen, Tiegeln und Fläschchen lassen erkennen, daß hier verschiedene Substanzen in kleinen Mengen gehandelt werden. Die langen Reihen gleichförmiger, keramischer Gefäße, wie man sie aus Apothekendarstellungen späterer Zeit kennt (vgl. Taf. 55), sucht man hier vergebens. In Stoffsäckchen hängen zudem getrocknete Zutaten für Medikamente von den Borden. Doch Apotheker handelten in der Regel nicht nur mit Arzneimitteln und ihren Zutaten, sondern auch mit kosmetisch anwendbaren Substanzen und mit sonstigen kostbaren und exotischen Stoffen. Etliche teure Farbstoffe für Malfarben etwa wurden von Apothekern vertrieben. So ist es kein Zufall, daß in Florenz die Maler der Zunft der Ärzte und Apotheker angehörten („Medici e Speciali").

Triacha.
Triacha. ꝯplo. ca. ⁊ sic. Electo que libat gallum. aueneco ⁊ q transit. x. annu. iuuam. ꝯ uenena
⁊ egritudies. ca. ⁊ fri. nocum. p. x. annos. facit uigilias. Remo nocti. cu ifrigidantib. utaq
ordei ꝯueniut mag. fri. senib. hyeme ⁊ regioib. fris. ubiq tn. cu fuit necciu.

16

Tacuinum sanitatis, Wien, Österreichische Nationalbibliothek, Cod. Vindob. S.N. 2644, fol. 63r, Oberitalien um 1390

Brötchenbacken

Das europäische Mittelalter kannte fast die ganze Spanne verschiedener Getreidesorten, die auch heute noch angebaut werden: Weizen, Roggen, Gerste, Hafer und Hirse. Zum Brotbacken dienten damals wie heute vor allem Weizen und Roggen. Hafer und Gerste eignen sich aufgrund ihrer Inhaltsstoffe weniger gut für die Verwendung als Backmehl, sie kommen vor allem als Zumischungen zum Einsatz. Bei weitem das begehrteste und teuerste Mehl war das fein ausgemahlene und von der Kleie befreite, rein weiße Weizenmehl. Entsprechend war feines Weißbrot die edelste Brotsorte, die sich in der Regel nicht jeder leisten konnte.

Die Miniatur zeigt einen Bäcker, der mit einem Einschießer Brötchen aus dem Backofen holt und eine Frau, die die frischen Brötchen zum Verkauf in einen Korb stapelt. Der Ofen befindet sich offenbar innerhalb des Hauses, gleich hinter der Ladentheke. Der Text des „Tacuinum sanitatis“ (vgl. Taf. 50) bezieht sich ausdrücklich auf das weiße Auszugsmehl und das daraus gebackene Weißbrot. Da es aus dem innersten Kern des Weizenkornes hergestellt wird, also ohne die äußeren Schichten, wird es hier „panis albus de anima frumenti“ genannt (Weißbrot aus der Seele des Korns) und festgestellt, es sei für alle Altersstufen immer und überall das beste Brot.

. Panis de simula. i. panis albus.

Panis de simula. i. panis alb⁹. de aia frumenti. cplō. ca. in. ij. Electo bn̄ coct⁹. ciuitati at-
tinens. Juuamentum impinguat corp⁹. Nocumentum inducit opilationes. Remotio nocumenti cum
cpleta fermentatione. Quid generat nutrimentum multum. cuenit tpatis. omnib; etatib;
. omnib; regionib;. omni tpr.

17

Tacuinum sanitatis, Wien, Österreichische Nationalbibliothek, Cod. Vindob. S.N. 2644, fol. 63v, Oberitalien um 1390

Brotbacken

Im Gegensatz zu den Brötchen (Taf. 16) werden die normalen Brote hier in großer Menge in einem freistehenden Ofen gebacken. Es scheint sich um ein Backhaus zu handeln, wie man es auf dem Land noch bis weit ins 20. Jahrhundert kannte. In der mittelalterlichen Stadt kam das alltägliche Brot, das Grundnahrungsmittel schlechthin, vom Bäcker. Für einen eigenen Backofen dürfte den meisten Haushalten der Platz gefehlt haben. Zudem wäre dem häuslichen Backen die erhebliche Brandgefahr entgegengestanden. Allerdings konnte man in der Regel auch eigenes Brot oder andere Backwaren zubereiten und sie in einer Bäckerei gegen Bezahlung bakken lassen.

Die Miniatur zeigt den Bäcker beim Einschießen von zwei Broten in den Backofen. Im Vordergrund sieht man die auf langen Brettern liegenden, backfertig aufgegangenen Laibe. Die handwerkliche Bäckerei verwendete solche Bretter für die Vorbereitung und die Handhabung der noch ungebackenen Brote über Jahrhunderte. Die Böcke, auf die die Bretter gelegt werden, scheinen hier fest installiert zu sein, möglicherweise muß man sich die Stützen im Boden verankert vorstellen. Im Hintergrund rechts ist schon ein voller Korb mit frisch gebackenem Brot zu sehen, fertig für den Verkauf. Der Text nennt dieses Brot „panis opus“, das Brot für den (täglichen) Bedarf, im Gegensatz zu dem luxuriösen „panis albus“, dem Weißbrot.

18

Tacuinum sanitatis, Wien, Österreichische Nationalbibliothek, Cod. Vindob. S.N. 2644, fol. 64r, Oberitalien um 1390

Waldarbeiter bei der Mahlzeit

Der Arbeitsplatz im Freien und die umherliegenden Hölzer und Werkzeuge lassen erkennen, daß hier Waldarbeiter bei ihrer Brotzeit sitzen. Das große Tor auf der rechten Seite dürfte weniger die unmittelbare Umgebung eines Gebäudes andeuten als vielmehr kenntlich machen, daß sich die beiden Arbeiter jenseits der Stadttore, also draußen in freier Landschaft aufhalten. Dies signalisieren auch die aufragenden Pflanzen am „Horizont" der Darstellung. Neben der Axt fällt vor allem der große Hammer als Werkzeug ins Auge. Er diente zum Eintreiben von Keilen oder einer Spaltaxt und somit zum Spalten dickerer Äste und Stämme. Die Mahlzeit scheint hier ausschließlich aus Brot und Wein zu bestehen. Dabei handelt es sich um ungesäuertes Brot, denn die Miniatur dient zur Illustration eines Abschnittes des „Tacuinum sanitatis" (vgl. Taf. 50), der dem ungesäuerten Brot gewidmet ist. Der Text verweist darauf, daß das ungesäuerte Brot gut gegen die Erschöpfung des Körpers sei, den möglichen schädlichen Auswirkungen könne man vorbeugen, wenn man guten alten Wein dazu trinke.

Einschlag, Zerkleinerung und Transport von Holz beschäftigte im späteren Mittelalter – die Miniatur entstand um 1390 in Oberitalien – eine Vielzahl an Arbeitskräften. Der Bedarf war immens, begann man doch erst im späten Mittelalter vereinzelt die fossilen Brennstoffe, vor allem Steinkohle, zu nutzen. Allerdings stand diese nur an wenigen Orten zur Verfügung, nachweisen kann man die Verwendung etwa bei der Eisengewinnung in Soest und Dortmund. Auch Torf diente in größerem Umfang als Brennstoff. Wo hohe Temperaturen gebraucht wurden, etwa bei der Metallverarbeitung, verwendete man daher fast ausschließlich Holzkohle. Auch als Baumaterial wurde Holz in großen Mengen benutzt, beispielsweise für die tragende Struktur von Fachwerkbauten, Decken und Fußböden und für die Dachkonstruktion. Für Werkzeuge, Geräte und Maschinen war Holz der universelle Werkstoff. Im Spätmittelalter kam es in den dichter besiedelten Kulturlandschaften daher zu einer Verknappung und damit einer erheblichen Verteuerung. Zur effizienteren Brennholzgewinnung griff man zumeist auf die Bewirtschaftung von Niederwald zurück. Dabei ließ man den Wurzelstock und einen Rest der Stämme stehen, so daß diese wieder ausschlagen konnten. Die relativ schnell wachsenden Neutriebe wurden dann immer wieder als Knüppelholz geerntet.

. Panis açimus .

64

Panis açimus. cplo tpate. fri. in 2°. Electo salutis bn coct'. iuua/tu cor bz. la-ssis 7 excitatis. Nocu. gnat inflatioem 7 uentositate; 7 opilationez. Remo nocumti cu uino ueti bono. Quid ge-nat sa uiscosum 7 multum. Coucit calis excitantibz. iuuenibz. hyeme. fris regionibz.

19

Tacuinum sanitatis, Wien, Österreichische Nationalbibliothek, Cod. Vindob. S.N. 2644, fol. 67r, Oberitalien um 1390

Marktstand für Geflügel

In der Küche des späteren Mittelalters stand nicht nur das Fleisch von Rind, Schwein und Schaf hoch im Kurs, auch Wild und Geflügel wurde sehr geschätzt. Grundsätzlich war die Palette an Fleischsorten breiter als heute, wenn auch keineswegs alles jederzeit zur Verfügung stand. Die Kochbücher des Spätmittelalters überliefern auch Rezepte für Tiere, die heute im Normalfall nicht mehr gegessen werden, etwa den Schwan. Häufig genannt werden jedoch junge Tauben, die zumeist für die Küche gezüchtet wurden. Das zarte und wohlschmeckende Fleisch und die geringe Ergiebigkeit dürfte die Vögel jedoch vor allem für die feinere Küche bestimmt haben.

Hier ist eine Frau an einem Marktstand beim Verkauf von Täubchen zu sehen, ein Mann am selben Stand hält ein Huhn und einen Korb mit Eiern feil. Der Stand besteht aus zwei Böcken mit einer darübergelegten Tischplatte. Die Vögel werden in einem runden, tragbaren Käfig aus Holzstäben transportiert, der Käufer auf der linken Seite scheint sich die Ware erst genau anzusehen, bevor er kauft. In der Regel kamen die frischen Lebensmittel aus der unmittelbaren Umgebung der Städte und wurden dort auf dem Markt verkauft. Da man frisches Fleisch nicht lange lagern konnte, war es bei Geflügel und anderem Kleinvieh am einfachsten, die Tiere lebend zu verkaufen. Das Schlachten und Vorbereiten von Hühnern, Enten oder Kaninchen gehörte noch lange nach dem Ende des Mittelalters zu den normalen Aufgaben in der Küche. Erst durch die umfangreichen Kühlmöglichkeiten unserer Zeit sollte sich dies ändern.

.Pulli. columbini.

67

Pulli columbini. ɔplo. ca. ⁊ hũi. Electõ acquirentes iã sibi cibum. Iuuamentum ɔferũt paliei.
ex fri.te nocumentum. nocent cerebro. ⁊ uigillijs maxime assati. Remõ nocumenti. cũ aceto ⁊ coriã-
dro. Quid gñant sanguinẽ calĩn fortis cliditatis. ɔuenĩt mag. friis. decrepitis ⁊ huis. hyeme ⁊ regionibꝫ niuosis.

20

Tacuinum sanitatis, Wien, Österreichische Nationalbibliothek, Cod. Vindob. S.N. 2644, fol. 72v, Oberitalien um 1390

Verkauf von Hammelfleisch

Die Miniatur aus einer italienischen Handschrift des „Tacuinum sanitatis" zeigt einen Fleischerladen, in dem Hammelfleisch zum Kauf angeboten wird. Im Vordergrund sieht man einen Metzger beim Schlachten eines Schafes mit dem Messer, dahinter ist ein Verkäufer mit dem Abwiegen eines Fleischstückes beschäftigt. Die über der Theke aufgehängte Balkenwaage mit zwei Waagschalen und Gewichten gehörte zur Grundausstattung eines Ladens. Während man hier jedoch Fleischstücke und Eingeweide gleichermaßen im Angebot sieht, war der Verkauf in vielen Städten auf getrennte Berufe aufgeteilt. Neben den Metzgern, Fleischern, Fleischhauern oder Knochenhauern – die übliche Bezeichnung war auch damals landschaftlich verschieden – gab es beispielsweise auch „Kuttler". Eingeweide wie Milz, Rindermägen (Kaldaunen, Kutteln) oder Lungen wurden durchaus verzehrt, gehörten jedoch zu den billigeren und wenig geschätzten Lebensmitteln. Entsprechend waren auch die Berufe, die diese Dinge verarbeiteten und verkauften meist weniger angesehen. Leber, Herz und Hirn standen demgegenüber meist etwas höher im Kurs.

Carnes arietum. cplo. ca. 7 huia. in 2°. Electio animales pingues. iuuamentum pstant. sto. Nocumentum facit osuetis pati nauseam. Remo nocumenti cu brodijs stipticis. Quid gnant nutrimentum multum bonum declinas tn ad humidum 7 flegmaticum cu sint pinqui gnatioi siue ortui. Conuenit mag pinquis tpantie. iuuenibz. i ueir 7 regionibz orientis.

21

Tacuinum sanitatis, Wien, Österreichische Nationalbibliothek, Cod. Vindob. S.N. 2644, fol. 95v, Oberitalien um 1390

Kerzenverkäufer

Kerzen waren für die Menschen des Mittelalters und weit darüber hinaus eine wichtige Lichtquelle. Im Vergleich zu den oft qualmenden Öllampen waren sie in der Benutzung meist angenehmer. Gebräuchlich waren Wachs- und Talgkerzen. Obwohl Wachskerzen nicht nur erheblich teurer sondern auch heller waren, empfiehlt das „Tacuinum sanitatis" hier die einfacheren Talglichter. Als nächtliche Beleuchtung würden sie den Augen weniger schaden als die grellen Wachslichter. Zudem wird empfohlen, zur Entlastung der Augen auf dunkelgrüne Flächen zu schauen.
Der Blick in den Laden des Kerzenhändlers zeigt zum einen lange, konische Kerzen, zum anderen ganze Bündel von kurzen Lichtern, die jeweils an den Dochten aufgehängt sind. Längere Wachskerzen waren kostspielig, bei Stiftungen wie Abgaben an kirchliche Institutionen spielten sie das ganze Mittelalter hindurch eine wichtige Rolle, denn für den Gottesdienst, den nächtlichen Chordienst der Mönche und die angemessene Gestaltung von Feiern waren größere Mengen davon erforderlich. Der Beleuchtungsaufwand diente oftmals zur augenfälligen Darstellung von Reichtum. Eine Halle für ein Fest mit Kerzen hell zu erleuchten, verursachte ganz erhebliche Kosten. Auch der Aufwand an Kerzen für die Totenmesse eines Verstorbenen war ein Maßstab für dessen Wohlstand und sozialen Rang. Der hier gezeigte Laden dürfte einem Kerzenzieher gehört haben, bei den örtlich produzierten Gebrauchsartikeln waren Herstellung und Verkauf oft in einer Hand.

Candele.

22

Abhandlung über die Laster, London, British Library, Add. Ms. 27695, fol. 7v, Norditalien um 1320/1330

Laden eines Goldschmiedes

Die Miniatur aus einer Schrift über die Laster stellt eine Szene im Laden eines Goldschmiedes vor Augen. Ein Kunde in Begleitung eines Dieners auf der rechten Seite verhandelt mit dem Goldschmied, während links ein Angestellter das Geschäft schriftlich festhält. Auf dem Ladentisch, den ein bunt gemustertes Tuch schmückt, sind neben Münzen auch eine Kanne und ein Deckelpokal zu sehen. Dahinter, an einer Stange aufgehängt, erkennt man weitere Produkte: ein Schwert mit entsprechend gestaltetem Griff und geschmückter Scheide, zwei Gürtel mit goldenen Beschlägen, eine Hängeampel, einen Kelch und einen Spiegel. Der Bedienstete des Kunden trägt weitere Gegenstände aus Edelmetall, dabei ist nicht ohne weiteres zu entscheiden, ob es sich um die gekauften Stücke handelt oder um alte, die zur Umarbeitung oder als Material für neue Arbeiten dienen sollen. Sowohl bei Zinngeschirr (ein Luxusgut, einfache Teller und Schüsseln bestanden aus Holz) als auch bei Gegenständen aus Silber oder gar aus Gold war es üblich, daß man die gebrauchten oder zerbrochenen Stücke einlieferte, um sie umarbeiten oder einschmelzen und so weiterverarbeiten zu lassen. Benötigtes Silber oder Gold konnte auch in Form von Münzen bereitgestellt werden. Die Verrechnung erfolgte nach Gewicht, eventuell auch nach Feingehalt. Die Arbeit des Goldschmiedes ging in der Regel als der weitaus kleinere Posten in die Rechnung ein. Der Buchmaler zeigt hier viel Liebe zum erzählerischen Detail. Der Hauptgegenstand des Bildes ist der Aufwand für luxuriöse Lebensführung und die Zurschaustellung des Reichtums, auch die sehr aufwendig gestaltete Fensterreihe im Hintergrund variiert diese Thematik.

23

Abhandlung über die Laster, London, British Library, Add. Ms. 27695, fol. 8r, Norditalien um 1320/1330

Bankiers

Der Miniator stellt hier in zwei Etagen übereinander Szenen aus dem Bankgeschäft dar. Während oben das Geld gezählt und verwahrt wird, sind unten die Kunden der Bank und die sie bedienenden Angestellten zu sehen. Die große Geldtruhe im oberen Teil ist der Tresor der Firma. Die vier Schlösser stellen sicher, daß der Safe mit dem flüssigen Kapital nur in Gegenwart aller verantwortlichen Personen geöffnet werden kann. Im unteren Bild ist vor allem zu erkennen, daß die schriftliche Fixierung in Rechnungsbüchern eine wichtige Rolle spielte. Lange schon hatten die Transaktionen einen Umfang und eine Komplexität angenommen, die es auch für kleinere Unternehmen völlig unmöglich gemacht hätten, ohne sorgfältige Buchführung den Überblick zu behalten. Bei den großen Bankhäusern, die mit Filialen in verschiedenen Städten und Ländern operierten, dienten die Unterlagen natürlich auch zur Kontrolle durch das Stammhaus.

Beim Geldverleih zwischen Privatleuten notierte man sich oftmals die Schuldner, Summen und Fristen sowie bereits zurückgezahlte Teilbeträge auf den Vorsatzblättern von Büchern. So blieben diese Notizen – meist aus dem späten Mittelalter – in vielen Fällen erhalten. Geschäftsbücher von Kaufleuten sind dagegen relativ selten überliefert. Nachdem die Geschäfte abgeschlossen und die Aufzeichnungen nicht mehr von Nutzen waren, wurde das Pergament oder Papier weiterverarbeitet. Nicht selten findet man daher Pergamentstreifen von Rechnungsbüchern als Falzverstärkungen in Bucheinbänden.

Das Bild läßt auch den Reichtum der Bankkaufleute erahnen. Die gewölbten Räume weisen zierliche Säulen mit aufwendig gearbeiteten Kapitellen auf. Die Halbfigur Christi im oberen Bildfeld über der mittleren Säule ist jedoch eine Zutat des Malers, ebenso wie der farbige Hintergrund und das Schriftfeld oben links. Der auf die Inschrift deutende Christus stellt die Verbindung des Bildes zum Text her, der vor dem Laster der Habgier warnt. Die Inschrift bezieht sich vor allem auf den Schutz der Witwen und Waisen, im unteren Bildfeld stehen diese daher auch im Vordergrund. Daß der mittelalterliche Bankier sich entschieden als christlicher Geschäftsmann fühlte, geht auch aus den erhaltenen Wechselbriefen und Dokumenten hervor, die zumeist mit der Anrufung Gottes beginnen.

Deus

24

Wenzelsbibel, Wien, Österreichische Nationalbibliothek, Cod. Vindob. 2759, fol. 10v, Prag um 1390-1400

Turmbau zu Babel

Hochaufragende Steinbauten sind bekanntlich keine Erfindung des Mittelalters. Die antike Bautechnik war hochentwickelt, wie wir heute noch an erstaunlich gut erhaltenen Gebäuden, wie etwa dem Pantheon in Rom, feststellen. Das frühe Mittelalter hat demgegenüber nur sehr wenige Steinbauten hervorgebracht, selbst befestigte Adelssitze und Kirchen wurden in der Regel aus Holz errichtet. Für einfache Häuser war auch Lehm ein wichtiger Baustoff. So waren viele antike Techniken vergessen, als im 11. und 12. Jahrhundert wieder verstärkt große Steinbauten aufgeführt wurden, von der Wehranlage über Brücken bis hin zu den großen Kirchen. Im 14. Jahrhundert, als die Miniatur der Wenzelsbibel entstand, konnte das Mittelalter jedoch schon auf eine beeindruckende Bautradition zurückblicken, die in den großen Kathedralen der Gotik auch technisch ganz Erstaunliches geleistet hatte. Die Miniatur zeigt dementsprechend die typische Hochbautechnik der Epoche. Auffallend ist vom heutigen Standpunkt aus vor allem das Fehlen eines Gerüstes. Tatsächlich arbeitete man zumeist nicht mit einem umfangreichen, vom Boden aus aufgeführten Baugerüst. Die große Menge an hochwertigem Holz wäre sehr teuer und oft auch schwer zu beschaffen gewesen, zudem sind derartige Gerüste für große Höhen nicht sehr geeignet. Die Arbeitsplattformen der Maurer und Steinmetzen wurden daher möglichst in der schon aufragenden Mauer verankert. Hierfür wurden Öffnungen vorgesehen, in die man Hölzer stecken konnte, die solche Arbeitsplattformen trugen. Die beiden Maurer auf den Seiten des Turmes hocken bei der Arbeit auf solchen Plattformen. Um die Materialien zu den Arbeitern hinauf zu bringen, gab es prinzipiell zwei Möglichkeiten, die hier beide zu sehen sind. Zum einen baute man so, daß die Treppen im Inneren des Gebäudes schon gleich beim Bau benutzt werden konnten, um Materialien nach oben zu tragen. Aus diesem Grunde wurde auch mancher Treppenturm reichlicher bemessen, als es für einen bloßen Aufgang – beispielsweise zum Dachstuhl – vonnöten gewesen wäre. Links unten etwa sieht man einen Arbeiter, der über eine Behelfstreppe eine Mörtelwanne ins Gebäude trägt. Auch wenn der Turm in unserer Miniatur hierfür etwas schmächtig erscheint, muß man sich vorstellen, daß der Mann seine Last über eine Treppe bis hinauf zur Mauerkrone bringt.

Die andere, hier vor allem ins Auge fallende Möglichkeit, Lasten nach oben zu bringen, war der Einsatz von Kranen. Auch diese standen, wenn der Bau voranschritt, keinesfalls unten auf dem Boden, so wie heute, sondern waren oben am Gebäude verankert. Die Last konnte nun einfach über Flaschenzüge hochgezogen werden, oder, wie hier, mit Hilfe von Treträdern. Auch dabei handelte es sich letztlich um antike Hochbautechnik, wie der Vergleich mit einer Miniatur des „Vergilius Vaticanus" zeigt (Abb. 1). Dort steht der Kran allerdings offenbar unten auf dem Boden, wo auch die Steinmetzen arbeiten. Der Wiener Codex zeigt die aktuelle Form, mit zwei nebeneinanderliegenden Rädern, die in einem kastenförmigen hölzernen Rahmen laufen, den man komplett an der Fassade hochziehen und im Fortgang der Arbeiten immer weiter nach oben versetzen konnte. Da sich das Seil direkt um die Radachsen wickelt, ist die Untersetzung sehr groß, entsprechend große Gewichte können so gehoben werden. Die „Tretmühle" ist heute nur noch als Redensart geläufig, als Antrieb, auch für

Verladekrane in Häfen, war sie noch lange über das Ende des Mittelalters hinaus in Gebrauch. Der einstmals größte Hafenkran mit Tretrad aus dem Jahr 1444 hat sich bis zum 2. Weltkrieg in Danzig erhalten. Der heute wiederhergestellte Kran kann mit zwei Treträdern von 6,5 m Durchmesser Lasten bis zu vier Tonnen heben.

Schließlich sieht man die Zange am rechten Kran, mit der ein behauener Stein zum Versetzen nach oben gehievt wird. Da die Quader zu groß sind, als daß sie ein Maurer selbst heben könnte, muß der Kran sich so schwenken lassen, daß der Stein direkt an seine Stelle in der Mauer abgesetzt werden kann. Allerdings versuchte man meistens, die eingemeißelten Zangenlöcher, die verhinderten, daß der Stein abrutschte, oben und unten anzubringen, also dort, wo sie später in der Mörtelfuge verschwanden und man sie in der fertigen Mauer nicht mehr sah. Dazu aber mußte der Quader beim Absetzen gedreht werden. Die Wenzelsbibel ist eine der umfangreichsten und prächtigsten Miniaturenhandschriften des Mittelalters. Geschaffen für König Wenzel IV. von Böhmen (seit 1378 deutscher König), vereinigt sie eine deutsche Bibelübersetzung mit prächtigstem Buchschmuck der zu dieser Zeit blühenden böhmischen Buchmalerei. Auch wenn das Werk unvollendet blieb, ist es doch mit Sicherheit das beeindruckendste und vielleicht auch das schönste Stück seiner Art.

25

Wenzelsbibel, Wien, Österreichische Nationalbibliothek, Cod. Vindob. 2760, fol. 136v, Prag um 1390–1400

Lastenträger und Maurer auf einer Baustelle

Auch diese Darstellung aus der Wenzelsbibel führt Szenen aus dem mittelalterlichen Baubetrieb vor Augen. Nicht nur Maurer sitzen auf den oben an den Mauerkronen verankerten Arbeitsplattformen, sondern ebenso Steinmetzen, die an den Details des Steinbaus arbeiten. Zum einen mußte manches am fertigen Mauerwerk überarbeitet werden, um die beim Versetzen der Quader auftretenden Unebenheiten auszugleichen, zum anderen wurden viele Details erst am aufgehenden Bau ausgeführt. Die meisten feineren und daher auch bruchgefährdeten Bildhauerarbeiten, beispielsweise Wappen (vgl. Taf. 41), wurden am Boden nur grob aus dem Block herausgearbeitet. Die endgültige Bearbeitung wie auch das Polieren von Oberflächen sowie Bemalungen und Vergoldungen wurden erst an den bereits im Bau vermauerten Werkstücken vorgenommen. Der oben rechts den Hammer schwingende Steinmetz scheint jedoch vor allem die Kante des Torbaus zu versäubern.

Im Vordergrund rechts wird auf dem Boden Mörtel angerührt, den ein Träger mit einer hölzernen Mörtelwanne auf der Schulter zur Verarbeitung durch die Maurer trägt. Auch Ziegelsteine werden auf diesem Wege in den schon weit fortgeschrittenen Bau transportiert.

26

Wenzelsbibel, Wien, Österreichische Nationalbibliothek, Cod. Vindob. 2759, fol. 160r unten, Prag um 1390–1400

Bademagd

Die aufwendigen römischen Badeanlagen, die Thermen, waren beim Übergang zum Mittelalter in Vergessenheit geraten. Auch das sich verbreitende Christentum stand dem luxuriösen Badewesen, wie überhaupt jeder verfeinerten Körperpflege, ablehnend gegenüber. Für Augustinus war ein Bad im Monat für Christen gerade noch zu verantworten, Mönche sollten allenfalls vor den beiden Hochfesten im Jahr, Ostern und Weihnachten, baden. Die Kreuzzüge brachten dann etliche Mitteleuropäer in Kontakt mit der Badekultur des vorderen Orients – Luxus, den man sich auch zu Hause gönnen wollte.

Ab dem 12. Jahrhundert sind öffentliche Badehäuser in wachsender Zahl nachweisbar. Bald gehörten sie zu den normalen Einrichtungen einer Stadt, die großen Zulauf hatten. Am Ausgang des Mittelalters gab es etwa in Ulm über 160 Badestuben. Private Bäder dagegen waren selten. Der Bader, oft ein städtischer Bediensteter, stand nicht nur dem Badebetrieb vor, sondern bot auch eine ganze Reihe von Dienstleistungen an: vom Rasieren, Haarewaschen und Massieren bis hin zum Schröpfen, chirurgischen Eingriffen und zur Behandlung von Wunden und Knochenbrüchen. In Ergänzung zu den akademisch gebildeten Ärzten war er für die praktische, sozusagen „handwerkliche" Seite der Gesundheitsfürsorge zuständig.

Doch das Baden hatte offensichtlich nicht nur eine hygienische Funktion, sondern bedeutete auch Vergnügen, Geselligkeit und Wohlbefinden. Neben dem trockenen Heißluft- und dem Wannenbad kamen bald auch Dampfbäder auf. Schließlich konnte man auch gemeinschaftlich im Badezuber sitzen und dabei essen, trinken und sich angenehm unterhalten. Für Musik wurde auf Wunsch gesorgt. Dies war ein durchaus geselliges Vergnügen, das gemeinsame Baden in großen Zubern scheint verbreitet gewesen zu sein. Bedient wurden die Gäste von Bademägden, die vor allem für Badebetrieb und Gastronomie zuständig waren. Die offenbar sehr leichte Bekleidung mit einem dünnen Badehemd war dabei zunächst durch Temperatur und Feuchtigkeit bedingt. Gebadet wurde zumeist unbekleidet oder in knapper Badekleidung, dem „Bruech" für Männer (eine slipartige Badehose) und dem Badehemd für Frauen, zuweilen auch für beide Geschlechter. Geschlechtertrennung scheint, soweit wir wissen, nicht üblich gewesen zu sein. So konnte auch die erotische Komponente des Badens zur Geltung kommen. Obwohl dies keineswegs die Regel gewesen sein dürfte, war die Grenze zur organisierten Prostitution zuweilen wohl fließend.

Im 15. Jahrhundert verfügten reiche Haushalte auch über private Badestuben für Dampf- und Wannenbäder. An der Wende zur Neuzeit ist ein Niedergang der öffentlichen Badehäuser zu verzeichnen. Zum einen waren die Preise für das reichlich benötigte Brennholz in den Städten immer höher gestiegen, zum anderen führte die rasche Ausbreitung der Syphilis in Europa zur Angst vor der Ansteckung im Bad.

Die Miniatur zeigt eine hübsche Bademagd im durchsichtigen Hemd mit den Badeutensilien: einem aus hölzernen Dauben gefügten Eimer, einer Kufe für heißes Wasser oder Aufgüsse im Dampfbad und einem Bündel grüner Blätter, mit dem man sich abklopfen kann, wie man es von der traditionellen finnischen Sauna kennt.

Bademagd, Kufe und Badequast finden sich in den Randillustrationen der Bibel für König Wenzel und seine Frau Sophie sehr häufig. Sie werden wie Embleme, persönliche Sinnbilder und Abzeichen, verwendet und wechseln sich mit einer männlichen Gestalt im „Block", d. h. mit den Beinen in einem Pranger festgehalten, ab. Die Interpretationen dieser ungewöhnlichen Motive als persönliche Embleme wie als allegorische Elemente können hier nicht im einzelnen referiert werden, sie lassen jedoch bis heute noch Fragen offen.[30] Die in Hinblick auf Wenzels wenig erfolgreiche Herrschaft und seine persönlichen Schwierigkeiten geäußerte Deutung als Zeichen des Sittenverfalls am königlichen Hof greift jedoch mit Sicherheit zu kurz.

[30] Siehe etwa: Josef Krasa, Die Handschriften König Wenzels IV., Wien 1971, S. 64–114.

27

Wenzelsbibel, Wien, Österreichische Nationalbibliothek, Cod. Vindob. 2760, fol. 156r, Prag um 1390-1400

Zimmerleute richten einen Balken zu

Holz als Baumaterial spielte eine entscheidende Rolle im Mittelalter und weit darüber hinaus. Auch für Steinbauten benötigte man erhebliche Mengen an Bauholz, vor allem für Dachstühle und Decken. Die verbreitete Fachwerkbauweise erforderte gute, genau zugerichtete Balken für das Grundgerüst des Hauses. Die Flächen zwischen den Balken wurden in der Regel mit Weidengeflecht, Lehm und Stroh ausgefacht. Die Miniatur aus der böhmischen Wenzelsbibel zeigt zwei Zimmerleute des späten 14. Jahrhunderts bei der Zurichtung eines Balkens. Sie haben ihr Werkstück mit eisernen Klammern auf zwei hölzernen Böcken fixiert und bearbeiten es mit dem kurzen Haubeil mit seiner typischen breiten, lang ausgezogenen Schneide. Derartige Beile sowie hackenartige Werkzeuge mit querlaufender Schneide waren die wichtigsten Holzbearbeitungswerkzeuge am Bau. Zumal große Balken, die einen Baumstamm möglichst vollständig nutzten, wurden so bearbeitet. Bretter mußten dagegen mit der Säge aus dem Stamm geschnitten werden (vgl. Taf. 40). Die Kleidung der Dargestellten entspricht der Mode der Zeit, ein jackenartiges Gewand mit Gürtel und kurzem Rock wird durch lange Strümpfe als Beinkleider ergänzt. Hosen setzten sich erst später als normale Männerkleidung durch.
Die Szene im Hintergrund zeigt weitere Zimmerleute und Dachdecker bei der Arbeit. Hier sieht man auch einen einfachen Flaschenzug für das Heben geringerer Lasten auf dem Rohbau.

28

Bilder zum Alten Testament, London, British Library, Add. Ms. 15277, fol. 15v, Norditalien, wahrscheinlich Padua, um 1400

Teppichknüpfer

Die Darstellung zeigt zunächst zwei Personen des Alten Testaments. Diese unterscheiden sich hier jedoch in nichts von zwei italienischen Teppichknüpfern aus der Zeit um 1400. Beide Männer sitzen auf Schemeln vor ihren Knüpfrahmen, auf die jeweils das Grundgewebe aufgespannt ist. Deutlich ist ein sich wiederholendes, farbiges Blumenmuster zu erkennen. Auf dem linken Schemel hinter dem Arbeitenden liegt eine Schere in der damals üblichen Form. Beide Schneiden sind aus einem Stück Stahl geschmiedet, das ein ringförmiges, federndes Mittelstück aufweist. Die recht beengten Platzverhältnisse, in denen die beiden Männer arbeiten, sind im übrigen für die städtischen Werkstätten des späten Mittelalters nicht ungewöhnlich. Die enge Bebauung innerhalb der Stadtmauern bedingte oft sehr kleine Wohn- und Geschäftsräume, in denen der Platz gut genutzt werden mußte. Die kapuzenartige Kopfbedeckung mit dem lang herabhängenden Ende ist im übrigen ein modisches Detail der Zeit, eine sogenannte Gugel (von lateinisch „cucullus“ – Kapuze).

oliab
besalehel

29

Gaston Phoebus, Livre de la chasse, Paris, Bibliothèque Nationale de France, ms. fr. 616, fol. 40v, Burgund 1407

Pflege der Jagdhunde

Die Jagd war durch das Mittelalter und weit bis in die Neuzeit nicht nur ein Privileg des Adels, sondern eine seiner bevorzugten Beschäftigungen. Die Jagdleidenschaft war außerordentlich verbreitet und bei den Standesgenossen in höchstem Maße akzeptiert. Für eine standesgemäße Hofhaltung war erheblicher Aufwand für das Waidwerk sogar unabdingbar. Abgesehen von den ohnehin benötigten Reitpferden brauchte man Ausrüstung und Personal für die verschiedenen Formen der Jagd. So standen etwa Falken für die Beizjagd hoch im Kurs. Bei den Jagdwaffen, der Kleidung und dem Zaumzeug für die Pferde konnte immenser Aufwand getrieben werden, der auch geeignet war, Jagdgäste zu beeindrucken und so die eigene Stellung zu unterstreichen. Die im Spätmittelalter und der Neuzeit beliebte Treibjagd erforderte umfangreiches Personal, für die Hetzjagd aber war eine Hundemeute unabdingbar. Die Zahl der gehaltenen Jagdhunde konnte dabei leicht über hundert Tiere steigen, auch mehrere hundert Hunde verschiedener Rassen kamen vor. Besonders schöne und leistungsfähige Tiere waren sehr begehrt und erzielten außerordentlich hohe Preise, so stellte eine hochwertige Hundemeute auch einen erheblichen materiellen Wert dar. Für einen jagdbegeisterten Hochadeligen waren edle Jagdhunde auch eine Liebhaberei, die sich mancher beeindruckende Summen kosten ließ.

So ist es nicht weiter verwunderlich, daß Pflege und Zucht der Jagdhunde eine Aufgabe war, die von einem eigenen, spezialisierten Berufszweig unter den Bediensteten erfüllt wurde. Ebenso wie bei der Pferdehaltung existierte ein umfangreiches, hochentwickeltes Fachwissen bis hin zu einer praktisch ausgerichteten Tiermedizin. Die Miniatur aus einer für Johann Ohnefurcht von Burgund geschaffenen Handschrift zeigt die fürstlichen Hundepfleger bei verschiedenen Arbeiten an und mit ihren Schützlingen. Es sind offensichtlich mehrere Rassen vertreten, von den großen kräftigen Bracken für die Jagd auf Wildschweine, Hirsche und andere größere Beutetiere bis zu kleinen Hunderassen, die etwa Füchse und Dachse bis in ihren Bau verfolgen konnten. Die Pflege von Fell, Pfoten und Gebiß sorgte für Schönheit und Wohlbefinden der Vierbeiner. Aber auch die Versorgung von Wunden, Beseitigung von Parasiten und Behandlung von Verletzungen war eine ständige anspruchsvolle Aufgabe.

Das adelige Jagdfieber brachte aber nicht nur Hunderassen, kostbare Utensilien und spezialisierte Berufsgruppen hervor, sondern auch eine eigene Fachliteratur. Am bekanntesten sind dabei das Buch „De arte venandi cum avibus“ Kaiser Friedrichs II. von Hohenstaufen über die Kunst, mit Vögeln zu jagen und das um 1387–89 kompilierte „Livre de la chasse“ des Grafen Gaston III. von Foix, Vicomte de Béarn, genannte Gaston Phoebus. Gerade letzteres enthält umfangreiche Abschnitte über die Pflege der Hunde und das damit beschäftigte Personal.

30

Die Reisen des Sir John Mandeville, London, British Library, Add. Ms. 24189, fol. 16r, Böhmen oder Österreich Anfang 15. Jahrhundert

Glasbläser

Glas war schon der Antike ein vertrautes Material, das an vielen Orten verarbeitet wurde. Zwar ging die Produktion mit dem Niedergang des Römischen Reiches stark zurück, doch waren die technischen Kenntnisse nicht völlig verloren. Allerdings konnte man zunächst kaum mehr farbiges Glas herstellen, auch raffinierte Dekorationstechniken, etwa mit eingeschlossenem Golddekor, standen nicht mehr zur Verfügung. Durch die natürlichen Verunreinigungen bei der Herstellung war das Glas normalerweise hellgrün, für die Herstellung von farblosem Glas waren Kenntnisse über die notwendigen Beimischungen – sogenannte Glasseifen – erforderlich.
Die Miniatur zeigt eine böhmische Glashütte der Zeit um 1400. Im Hintergrund kann man den Abbau des Rohstoffes sehen. Feiner, weißer Quarzsand ohne Verunreinigungen eignete sich am besten. Dieser wurde mit der doppelten Menge Pflanzenasche vermischt, die als Flußmittel diente und es so möglich machte, diese sogenannte Fritte bei den erreichbaren Temperaturen zu flüssigem Glas zu schmelzen. Zu sehen ist unter anderem ein Arbeiter, der den Sand in einer Wanne auf der Schulter zur Glashütte trägt. Im Vordergrund schart sich alles um den großen Glasofen. Rechts wird geschürt, während daneben ein Glasbläser etwas Glasmasse mit der Pfeife aus dem Schmelzgefäß holt. In der Mitte sieht man, wie ein Gefäß mit der Pfeife geblasen und auf einer glatten Marmorplatte geformt wird. Die Glaspfeife ist vorne aus Eisen, um die hohen Temperaturen zu überstehen, die hintere Hälfte kann jedoch aus Holz bestehen, so daß man sie anfassen kann, ohne sich zu verbrennen. Links im Bild ist ein weiterer Arbeiter am Kühlofen beschäftigt. Da Glas bei plötzlichem Temperaturwechsel Spannungen aufbaut, die zum Zerspringen führen können, kommt jedes fertige Stück zunächst in einen Ofenabschnitt mit niedrigerer Temperatur zum langsamen Abkühlen.
Glashütten waren in der Regel in waldreichen Gegenden angesiedelt, wo das reichlich benötigte Brennmaterial zur Verfügung stand. Außerdem mußte natürlich Quarzsand in ausreichender Qualität vorhanden sein. Die böhmischen Glashütten sollten noch weit über die Zeit des Mittelalters hinaus einen ausgezeichneten Ruf genießen.

31

Giovanni Boccaccio, Les Claires et nobles femmes: Pamphyla, Paris, Bibliothèque Nationale de France, ms. fr. 12420, fol. 69r, Flandern Anfang 15. Jahrhundert

Frau am Webstuhl

Das Weben von Stoffen gehört zu den ältesten und wichtigsten handwerklichen Techniken. Früh schon entwickelte man mechanische Hilfen, die es erlaubten, jeweils einen Teil der Kettfäden anzuheben oder abzusenken, so daß man das Schiffchen mit dem Schußfaden leichter hindurchführen konnte. Der horizontale Trittwebstuhl mit Kett- und Warenbaum ist seit dem 12. Jahrhundert nachweisbar. Die Darstellung vom Beginn des 15. Jahrhunderts zeigt einen Webstuhl, bei dem die Mechanik zur Bildung der „Fächer" mit Hilfe von Pedalen bedient wurde, die über Hebel und Seilzüge wirken. Drehbare Walzen vorne und hinten am Webrahmen dienen dazu, die Kettfäden (Kettbaum) und den fertigen Stoff (Warenbaum) aufzurollen, so daß Stoffbahnen gewebt werden konnten, die erheblich länger waren, als der Webrahmen. Professionelle Webstühle für die Tuchproduktion, etwa in Flandern, waren über zwei Meter breit und wurden von zwei Personen bedient. Durch Bohrungen der Walzen gesteckte Stäbe dienen hier zum Aufwickeln und Spannen der Bahn, zur Fixierung werden sie einfach am Rahmen festgebunden. Allerdings sind die Möglichkeiten des hier abgebildeten, immer noch recht einfachen Webstuhls beschränkt, es lassen sich nur bestimmte, einfache Bindungen und Muster herstellen, auch die Breite der Stoffbahn ist verhältnismäßig gering. Eine schmale Holzbank dient als Sitzgelegenheit für die Weberin, auf einem Tisch liegen Spulen mit weiterem Garn. Schließlich liegen rechts vom Webstuhl ein Spinnrocken und Rohmaterial zur Herstellung der Garne.

Spinnen und Weben gehörte einerseits zu den traditionellen hausfraulichen Tätigkeiten, andererseits bildete es einen bedeutenden Gewerbezweig der mittelalterlichen Wirtschaft. Während einfache Woll- und Leinenstoffe wohl in vielen Haushalten auch zur Selbstversorgung hergestellt wurden, zumal auf dem Land, waren hochwertige Wolltuche, feines Linnen und vor allem die teuren Seidenstoffe Produkte hochspezialisierter, professioneller Werkstätten. In Zentren wie Florenz wurden Stoffe schon im 15. Jahrhundert in manufakturähnlichen Betrieben oder im Verlagssystem produziert. Die hier abgebildete Weberin, selbst sorgfältig in leuchtenden Farben gekleidet, kann jedoch eher für eine wohlhabende Bürgerin stehen, für die textile Handarbeiten einen angemessenen Zeitvertreib darstellten.[31]

[31] Maurits Smeyers, L'Art de la Miniature flamande du VIIIe au XVIe siècle, Tournai 1998, dort vor allem S. 185.

32

Hausbuch der Mendelschen Zwölfbrüderstiftung, Nürnberg, Stadtbibliothek, Amb. 317.2°, M I, fol. 21r, Nürnberg 1425

Schreiner in seiner Werkstatt

Der Schreiner als Hersteller von hölzernen Möbelstücken konnte vor allem von den sich wandelnden Wohnverhältnissen des späteren Mittelalters profitieren. Die Möblierung von früh- und hochmittelalterlichen Wohnräumen, auch im Bereich von Adel und Herrschaft, war recht sparsam gehalten und zumeist einfach gefertigt. Sitzmöbel und Truhen waren verbreitet, aber auch Bettstellen und Tische. Da die Räume oft ganz unterschiedlichen Zwecken dienten, mußten größere Tische beispielsweise bei Bedarf aufgestellt, aber auch wieder weggeräumt werden können. Sie bestanden daher meist aus Böcken mit einer aufgelegten Platte. Sitzgelegenheiten waren in Form von Wandbänken oder Sitzen in Fensternischen oft fest eingebaut. Noch wurde nicht zwischen Zimmermann und Schreiner unterschieden. Erst im Laufe des 13. Jahrhunderts differenzierten sich hier unterschiedliche Berufe heraus. In den Städten wuchs die Zahl derer, die sich mehr als nur das allernötigste Mobiliar leisten konnten. Eine Vielzahl von Kleinmöbeln wurde produziert: Kästen und Truhen, Schränke, Regale, Pulte und Schemel. Auch Wandvertäfelungen und Spielbretter konnten zu den üblichen Erzeugnissen der Schreiner gehören. Im späten 15. Jahrhundert gehörten zu den Meisterstücken der Schreiner von Ulm ein maßwerkverzierter Gewandkasten (Kleiderschrank), eine verschließbare Truhe und ein zusammenlegbarer Tisch. Aber auch Kirchengestühl und die Aufbauten der gotischen Altäre wurden von Schreinern gefertigt.

Die Darstellung aus Nürnberg zeigt den Bewohner der Zwölfbrüderstiftung (vgl. Taf. 33-35, 44-45, 48) Karl Schreyner – offenbar war der Beruf zum Namen geworden – beim Hobeln eines Brettes. Obwohl auch Zimmerleute mit Hobeln arbeiteten, scheint das sorgfältige Glätten der Holzoberfläche mit dem Schlichthobel doch als besonders charakteristisch für den Schreiner angesehen worden zu sein, denn auf Bildern sieht man den Schreiner zumeist beim Hobeln. Das Brett ist auf einer einfachen Werkbank mit Pflöcken eingespannt, Stemmeisen und Klöpfel liegen bereit. Im Hintergrund hängt eine Spannsäge an der Wand. Eine Truhe auf niederen Beinen mit eisernen Beschlägen und ein Bord mit Fächern sind Beispiele für typische Produkte des Handwerkers.

Der xlvij bruder der do starb hieß karl Schreyner
21

33

Hausbuch der Mendelschen Zwölfbrüderstiftung, Nürnberg, Stadtbibliothek, Amb. 317.2°, M I, fol. 18v, Nürnberg 1425

Drechsler

Aus Holz gedrechselte Waren spielten in der mittelalterlichen Stadt eine erhebliche Rolle. Nicht nur Möbelteile und Gebrauchsgegenstände wie Kerzenständer wurden so hergestellt, sondern vor allem eine große Zahl von Tischgeschirren. Hölzerne Teller etwa gehörten zu den verbreitetsten Haushaltswaren, denn sie waren preiswert und robust. Aber auch Trinkgefäße wie Becher und sogenannte Köpfe, bauchige, tassenartige Gefäße und eine Vielzahl anderer Formen waren in Gebrauch. Während viele Stücke einfach nur preiswerte Gebrauchsgegenstände waren, gab es auch aufwendigere Gefäße aus schön gemasertem Holz und mit sorgfältig ausgearbeiteten Details.

Die Darstellung aus dem Hausbuch der Mendelschen Zwölfbrüderstiftung in Nürnberg zeigt nicht nur den Drechsler, sondern auch sein wichtigstes Arbeitsgerät, die Drechselbank. Die Einspannvorrichtung für das Werkstück läßt sich noch einigermaßen mit modernen Geräten vergleichen, von besonderem Interesse ist jedoch der Antrieb. Hier sieht man die typische „Wippdrechselbank", die vom Drechsler selbst mit einem Fußpedal in Bewegung gesetzt wurde. Ein elastischer hölzerner Querarm in der Form eines Galgens bildet das Gegenstück. Von diesem Querarm läuft ein Seil über die Spindel der Drehbank bis zum Pedal. Das Antriebsseil ist dabei straff gespannt und um die Welle gewickelt. Tritt der Handwerker aufs Pedal, so rotiert das Werkstück in die eine Richtung, läßt er das Pedal los, zieht der federnde Querarm das Seil zurück und die Welle dreht sich in die Gegenrichtung. Der Vorteil liegt in der relativ einfachen Konstruktion und der Tatsache, daß der Arbeitende beide Hände frei hat. Von Nachteil ist dagegen, daß er nur bei einer Drehrichtung drechseln kann und so keine kontinuierliche Bearbeitung möglich ist. Das Drechseln selbst mit verschieden geformten Eisen für die unterschiedlichen Strukturen der jeweiligen Produkte dagegen unterscheidet sich nicht grundlegend von der noch heute praktizierten Technik.

Der xlij bruder der do starb hieß
lienhard drechßel

34

Hausbuch der Mendelschen Zwölfbrüderstiftung, Nürnberg, Stadtbibliothek, Amb. 317.2°, M I, fol. 13r, Nürnberg um 1425

Paternosterer

Die Berufsbezeichnung „Paternosterer“ leitet sich vom lateinischen Begriff für das „Vater Unser“ her: pater noster. Im Mittelalter bezeichnete „Paternoster“ jedoch auch eine Perlenkette für Gebetsübungen, ähnlich den neuzeitlichen Rosenkränzen. Die einzelnen Gebete, neben dem Vater Unser vor allem die Psalmen, wurden an den Perlen abgezählt. Die Zahl der Perlen konnte dabei stark variieren, von 10 bis zu 150 Stück, letzteres entsprechend den 150 biblischen Psalmen. Auch wenn es kostbare „Paternoster“ aus Koralle oder Silber gab, die meisten Perlen dürften aus Knochen gefertigt worden sein. Dazu wurden Rinder- oder Pferdeknochen (zumeist die Mittelhandknochen) ausgekocht, von den Gelenkstücken befreit und in einzelne „Scheite“ gespalten. Aus diesen Stücken konnte man dann mit Hilfe einer besonderen Vorrichtung runde Perlen herstellen. Die Herstellung der Perlen ist auf der kolorierten Zeichnung des sogenannten Hausbuches der Mendelschen Zwölfbrüderstiftung aus Nürnberg zu sehen. Die Vorrichtung besteht hauptsächlich aus einem in einer Halterung geführten Hohlbohrer, der mit Hilfe eines Bogens angetrieben wurde. Die Bogensehne ist hierzu um den Bohrschaft geschlungen, der durch Hin- und Herziehen des Bogens in Drehung vesetzt wird. Der Hohlbohrer ist so geformt, daß er Halbkugeln in die Oberfläche des flachen Knochenstückes fräst. In einem zweiten Durchgang wird das Werkstück umgedreht und von der anderen Seite bearbeitet, so daß schließlich eine vollständige Kugel entsteht. Sobald das Knochenstück weit genug durchbohrt ist, fällt die fertige Kugel in eine Schale. Sie muß nun nur noch durchbohrt und aufgefädelt werden. Mit derselben Methode läßt sich natürlich auch Hartholz bearbeiten. Teurere Paternoster wurden auch in großem Umfang aus Bernstein hergestellt, die Produzenten lassen sich beispielsweise in Lübeck nachweisen. Der Herstellungsprozeß auf einer einfachen Drechseleinrichtung war vergleichbar.

Der xxxj bruder der do starb hiess leupolt
vnd was ein paternoster

35

Hausbuch der Mendelschen Zwölfbrüderstiftung, Nürnberg, Stadtbibliothek, Amb. 317.2°, M I, fol. 55r, Nürnberg 1434

Straßenkehrer

Die Abbildung aus dem Jahr 1434 zeigt einen Mann in einfacher Kleidung, der mit einem Reisigbesen den Boden fegt. An den Füßen trägt er über den normalen Schuhen sogenannte Trippen, aus Holz gefertigte, sandalenartige Überschuhe mit hohen Stegen. Diese dienten vor allem dazu, die Schuhe vor tiefem Straßenschmutz zu schützen, der vor allem bei feuchter Witterung auch viele innerstädtische Wege bedeckte. Daß die Straßenreinigung jedoch nicht die einzige Aufgabe des Abgebildeten war, lassen die Schlüssel an seinem Gürtel erahnen. Vermutlich diente er auch als „Beschließer" und war allgemein für Ordnung in Haus und Hof verantwortlich. Die Beischrift nennt ihn als langjährigen „Diener", eine Bezeichnung, die allgemein für einen Angestellten in einem wohlhabenderen Haushalt verwendet wurde.
Die hygienischen Bedingungen in einer mittelalterlichen Stadt konnten höchst unterschiedlich sein. Dem geringeren Standard der früheren Jahrhunderte stand eine geringe Bevölkerungsdichte gegenüber, während im späteren Mittelalter die hohen Einwohnerzahlen bei recht geringer Grundfläche Probleme aufwerfen konnten. Hierdurch entstanden auch neue Aufgaben und Gewerbezweige. In Zürich etwa wurden Mist und Fäkalien mit Schiffen aus der Stadt gebracht und in den Weinbergen als Dünger verwendet. In manchen Städten wurden die Senkgruben der Aborte regelmäßig geleert. Da etliche Städte etwa ab dem Beginn des 14. Jahrhunderts auch über gepflasterte Straßen verfügten, muß man davon ausgehen, daß es Pflasterer gab. Über Maßnahmen für die Sauberkeit im öffentlichen Raum informieren am besten die erhaltenen städtischen Verordnungen, die etwa geruchs- und schmutzintensive Gewerbe wie das der Gerber an den Rand der Stadt verbannten.

55
Anno ic xxxiiij an sant Johans tag zu weyhnachten
Starb der Lungkider vor zeiten des alten Stromeyrs
vnd des Letzels diener was der c xiiij bruder
Vnd gen sand hatze ge wentelstein auf holtzschuhen ging

36

Jakob ben Ascher, Arba'a Turim, Rom, Bibliotheca Apostolica Vaticana, Cod. Ross. 555, zwischen fol. 127r und fol. 128r, Mantua 1435

Schlachten von Tieren nach jüdischem Ritus

Wie die meisten anderen europäischen Landschaften hatte auch Italien eine bedeutende jüdische Bevölkerung. Da die religiösen Speisevorschriften, wie sie schon in der Bibel festgehalten sind, die Einhaltung besonderer Regeln bei der Schlachtung von Tieren erforderten, brauchten die jüdischen Gemeinden eigene Schlachter. Wichtig war vor allem, daß die Tiere, hier etwa Rinder und Geflügel, geschächtet wurden und vollständig ausbluteten. Entsprechend sieht man hier, wie die geschlachteten Vögel an den Füßen aufgehängt sind, damit das Blut ablaufen kann. Auf der rechten Seite wird das geschlachtete Rind auf seine rituelle Reinheit untersucht.

Die Handschrift enthält einen Text des 14. Jahrhunderts zu den jüdischen Gesetzen, der den Titel „Arba'a Turim", Vier Reihen, trägt. Dies bezieht sich auf die vier Reihen von Edelsteinen auf dem Brustschild des Hohenpriesters (Exodus 28.17). Der Codex wurde von einem professionellen Schreiber in einer sorgfältig ausgeführten italienischen hebräischen Kursive geschrieben. Die Vollendung am 24. November 1435 in Mantua ist genau vermerkt. Der Auftraggeber war der Rabbiner Mordechai ben Avigdor. Stilistisch unterscheidet sich die Buchmalerei dieser hebräischen Handschrift, wie in den meisten Fällen, nicht von der Ausstattung eines Buches in lateinischer oder italienischer Sprache. Viele hebräische Schriften wurden im Zuge der Ausschreitungen des 14. und 15. Jahrhunderts gegen die jüdische Bevölkerung zerstört. Vor allem in den Zeiten von Pestepidemien oder anderen verheerend wütenden Infektionskrankheiten wurde die Schuld immer wieder bei den schon aus religiösen Gründen verdächtigen Juden gesucht. In Italien begannen allerdings schon im 15. Jahrhundert die Gelehrten, sich mit der hebräischen Sprache zu beschäftigen. Nördlich der Alpen waren größere Fortschritte auf diesem Gebiet jedoch erst im 16. Jahrhundert zu verzeichnen, in Deutschland auch gefördert von der Ausbreitung der Reformation.[32]

[32] Joseph Gutmann, Buchmalerei in hebräischen Handschriften, München 1978, S. 104, Nr. 33.

תניא
הכל שוחטין

37

Spielkarte, „Hofämterspiel Böhmen I–IV", Wien, Kunsthistorisches Museum, KK Inv. Nr. 5103-5106, Südwestdeutschland um 1450

Töpferin an der Töpferscheibe

Die Töpferei war ein Handwerkszweig, der in allen Landschaften Europas vertreten war. Tönerne Gefäße und andere Gebrauchsgegenstände aus Keramik fehlten wohl in keinem Haushalt. Die Form der Stücke und die Techniken der Herstellung veränderten sich jedoch im Laufe der Jahrhunderte. Auch gibt es bedeutende regionale und qualitative Unterschiede, etwa im späteren Mittelalter das hochwertige und in weiterem Umkreis vertriebene rheinische Steinzeug, eine vollständig versinterte und dadurch hart und völlig wasserundurchlässig gewordene Keramik. Einfache Irdenware wurde praktisch überall für die Märkte der unmittelbaren Nachbarschaft gefertigt. Die Töpfereien befanden sich meistens außerhalb der Städte, oft auch im weiteren Umland, sowohl wegen der Brandgefahr als auch wegen des Platzbedarfs und schließlich wegen der Abhängigkeit von brauchbaren Tonvorkommen. Höherwertige Keramik wurde in etwas größerem Umkreis gehandelt, im süddeutschen Raum im Umkreis von ca. 60 bis 120 Kilometern. Die Bruchgefahr beim Transport und die sich schnell summierenden Zölle beim Handel über Herrschaftsgrenzen dürften weitere Transporte unrentabel gemacht haben. Im Spätmittelalter fanden tönerne Gefäße als Kochtöpfe (vgl. Taf. 44), Vorratsbehälter, Kannen und Trinkgefäße Verwendung. Teller und Schüsseln, aber auch Trinkbecher und Pokale wurden überwiegend aus Holz gedrechselt oder geböttchert, in wohlhabenderen Haushalten erfreuten sich gläserne Trinkgeschirre zunehmender Beliebtheit. Zinn und Silber waren teuer und auf die höchsten Schichten der Gesellschaft beschränkt.

Die Darstellung einer Hafnerin an der Drehscheibe zeigt die Herstellung einer hochwertigen Kanne mit dem charakteristischen Rillenmuster. Deutlich sieht man, wie die Struktur mit einem gezahnten Holzspatel erzeugt wird. Die Töpferscheibe besteht aus zwei runden, mit parallelen Stäben verbundenen Scheiben, die auf einem zentralen Zapfen gelagert sind und vom Töpfer mit den Füßen in Rotation versetzt werden. Der auf der Scheibe zentrierte Tonklumpen kann so mit beiden Händen und mit speziellen Werkzeugen geformt werden. Anschließend werden Ausguß und Henkel angebracht. Das fertig geformte Geschirr wird nun getrocknet und gebrannt, höherwertige Ware erhält eine Glasur. Beliebt waren auch Gießgefäße in Tierform, mit denen man sich bei Tisch Wasser über die Hände gießen lassen konnte, dazu gehörte ein entsprechendes Becken oder eine Schüssel zum Auffangen des Waschwassers. Schließlich aß man normalerweise mit den Fingern, lediglich Messer, vor allem für das Fleisch, und Löffel für alles Flüssige bildeten das Tischbesteck.

hefnerin

38

John Lydgate, Pilgrimage of the Life of Man, London, British Library, Cotton Ms. Tiberius A VII, fol. 93r, England Mitte des 15. Jahrhunderts

Parfumerie

Die Darstellung eines Pilgers mit Tonsur in einem Geschäft mit allerlei Artikeln zur Schönheitspflege mag zunächst erstaunen. Es handelt sich hier um eine besinnliche Schrift, die den Weg des Menschen zur ewigen Seligkeit als Pilgerreise darstellt und dabei auch die verschiedenen Anfechtungen und Ablenkungen vom eigentlichen Ziel behandelt. Der Besucher trägt eine Art von Mönchskutte mit Kapuze und hat den Schädel bis auf einen schmalen Haarkranz geschoren, die umgehängte Pilgertasche und der Wanderstab kennzeichnen ihn als die allegorische Hauptperson der Schrift. Der Blick in den Spiegel zeigt ihn so, wie er aussehen könnte oder wie er einst ausgesehen haben mag, als Jüngling im lockigen Haar. Die gut gekleidete Verkäuferin mit modischer Frisur und einem Kranz im unbedeckten Haar – also wahrscheinlich unverheiratet – scheint ihn zu den Eitelkeiten des weltlichen Lebens verlocken zu wollen. Spiegel, Kämme und Instrumente, die wahrscheinlich dazu dienen, die Haare in Locken zu legen, liegen auf einer Ladentheke, die gleichzeitig als verschließbare Truhe dient. Die Regalborde hinter der Dame dürften in Tiegeln und Dosen allerlei weitere Mittel zur Schönheitspflege enthalten. All diesen Hausrat der Eitelkeit wird der wahrhaft zum Seelenheil strebende Mensch natürlich von sich weisen. Zur gehobenen Lebensführung des mittelalterlichen Stadtbürgers und natürlich erst recht des Adels gehörten Haarputz und Kosmetika jedoch ebenso wie modische Kleidung und Schmuck.

39

De sphaera, Modena, Biblioteca Estense, Cod. 1 X.2.14 (Lat. 209), fol. 11r, Lombardei zwischen 1441 und 1466

Künstler und Handwerker als Kinder des Merkur

Die Renaissance war nicht nur die Epoche der Wiederbelebung antiker Literatur und Kunst, sondern auch eine Blütezeit der Astrologie. Die oberitalienischen Städte wie beispielsweise Padua und Ferrara erlebten spätestens seit dem 14. Jahrhundert einen Aufschwung der Sterndeutung und der Horoskope, der sich auch in bedeutenden Werken der Malerei niederschlug. Gerade die Herrschenden erhofften sich Aufschluß über die Zukunft wie über günstige Momente für ihre Unternehmungen. Obwohl die Astrologie noch lange untrennbar mit der Astronomie verbunden blieb und hohes Ansehen als exakte Wissenschaft genoß, fehlte es keineswegs an Kritik. Die Vorstellung, Wesen und Handlungen der Menschen würden von der Stellung der Himmelskörper bestimmt statt von ihrem freien Willen, war weder mit dem traditionellen, christlichen, noch mit dem neuen, humanistischen Menschenbild vereinbar.

Die Darstellungen der „Planetenkinder" zeigen jeweils die als typisch angesehenen Berufe und Tätigkeiten der unter dem Einfluß des betreffenden Himmelskörpers Geborenen. Die „Kinder des Merkur" sollten dabei vor allem talentierte Künstler und geschickte Handwerker sein. Die Miniatur zeigt in der Mitte Köche, die an einem Herd arbeiten und darüber drei Essende an einem Tisch. Zu beiden Seiten sieht man, wie in kleinen Häuschen die verschiedenen Kunsthandwerker und Künstler in ihren Werkstätten arbeiten. Von den Waffenschmieden über die Uhrmacher und die Schreiber auf der linken Seite reicht die Folge bis zu Tafelmaler, Bildhauer und Orgelbauer auf der rechten Seite. Offenbar sind es gerade die besonders geschätzten Spezialisten, die man hier vor Augen führte. Die Mailänder Harnisch- und Helmschmiede etwa galten als die besten überhaupt. Zahlungskräftige Kunden aus ganz Europa bezogen von ihnen hochwertige Rüstungen, mit denen sich im Kreis der adeligen Standesgenossen wie bei der einfachen Bevölkerung Eindruck machen ließ. Mechanische Räderuhren traten ab dem ausgehenden 13. Jahrhundert ihren Siegeszug durch Europa an. Noch vor 1300 wurden in Oberitalien die ersten öffentlichen Turmuhren installiert. Orgeln waren dagegen schon länger bekannt, wurden jedoch stetig weiterentwickelt. Sie waren keineswegs auf den kirchlichen Gebrauch beschränkt, vielmehr galten sie zunächst als eher weltliche Instrumente.

Die Handschrift umfaßt nur 16 Blätter und stammt aus dem Besitz Francesco Sforzas und seiner Frau Bianca, Tochter Filippo Maria Viscontis, die 1441 geheiratet hatten. 1450 trat Francesco die Nachfolge seines Schwiegervaters als Herzog von Mailand an.

40

Chroniques et conquêtes de Charlemagne, Brüssel, Bibliothèque Royale Albert I., ms. 9066, Bd. 3, fol. 203r, Jean le Tavernier d'Audenarde, Burgund 1458–1460

Zimmerleute

Während zur Herstellung großer Balken, etwa als Träger in Deckenkonstruktionen oder als Ständer im Fachwerkbau, in der Regel ganze Baumstämme Verwendung fanden, die mit der Axt zugerichtet wurden, schnitt man Bretter und Dielen mit der Säge aus dem Stamm. Die Abbildung zeigt unter anderem zwei Zimmerleute, die einen dicken Balken in schmalere Dielen zerschneiden. Dazu wurde der Holzblock auf hohe Böcke gelegt und mit einer speziellen Säge senkrecht zerteilt. Ein Arbeiter stand oben auf dem Werkstück, der andere unten auf der Erde. Auf Zimmerplätzen, wo häufig Bretter gesägt wurden, konnte man auch eine Grube ausheben, in der der unten Arbeitende dann stand. Zwar mußte der gesägte Stamm nun nicht mehr hochgehievt werden, dafür kam die Arbeit beim Ausheben der Grube hinzu.

Im Vordergrund liegen weitere Werkzeuge, ein Haubeil, eine Zange, eine kleine Bohrwinde, ein Hammer und ein großer Fuchsschwanz beziehungsweise eine Stoßsäge. Ein vorne sitzender Zimmermann arbeitet mit einem großen Bohrer, wie man ihn unter anderem für Zapfenlöcher verwendete. Er besteht aus einem Metallbohrer mit einem hölzernen Querstab. Durch den langen Hebel konnten auch große Löcher gebohrt werden. Daneben benutzte man Bohrwinden, bei denen die doppelte Kröpfung eine Kurbel bildete. Eine kleine Ausführung des Typs sieht man zu Füßen des vordersten Zimmermanns. Bei etwas größeren Modellen konnte man das obere Ende gegen die Brust stemmen, so daß die Hände für das Antreiben des Bohrers frei blieben.

Obwohl die Miniatur eine Szene aus der Geschichte Karls des Großen darstellt, scheint sich das Geschehen hier im Burgund des 15. Jahrhunderts abzuspielen. Die meisten Personen tragen die Kleidung aus der Zeit der Entstehung des Buches am Ausgang des Mittelalters. Allerdings wurde an manchen Stellen auch versucht, altertümliche Ausstattungen zu zeigen. Statt auf die über sechshundert Jahre zurückliegende Zeit Karls des Großen – über die man in dieser Hinsicht ohnehin zu wenig Informationen besaß – griff man hierzu jedoch nur wenige Jahrzehnte in die Vergangenheit zurück.

41

Chroniques et conquêtes de Charlemagne, Brüssel, Bibliothèque Royale Albert I., ms. 9066, Bd. 1, fol. 11r, Jean le Tavernier d'Audenarde, Burgund 1458–1460

Straßenhändler

Die Miniatur zum Prolog der Geschichte Karls des Großen in französischer Sprache zeigt eine Straßenszene in einer burgundischen Stadt um die Mitte des 15. Jahrhunderts. Während das inhaltlich bedeutende Geschehen in den Hintergrund gerückt ist und sich erst auf den zweiten Blick erschließt, wird das lebendige Straßenbild in aller Ausführlichkeit und Detailfreude entfaltet. Das schmale aber sorgfältig gebaute Torhaus und die Mauer können kaum als Stadttor und Stadtmauer verstanden werden, sie gehören vielmehr zum Anwesen eines städtischen Adelshofes oder Palastes mit Innenhof und mehreren Gebäuden. Die im Vordergrund aufgeschlagenen Verkaufsstände befinden sich somit innerhalb der Stadt in einer belebten Straße. Sowohl dort als auch im Innenhof sieht man ausgesprochen modisch gekleidete Personen, die den Müßiggang pflegen. Lediglich die Straßenhändler sind geschäftig. An dem wohl zerlegbaren Verkaufsstand direkt rechts neben dem Tor werden kleine Fische zum Kauf angeboten. Im Torbau sieht man eine Auslage mit verschiedenen „Paternostern" (vgl. Taf. 34), rosenkranzartigen Gebetsschnüren, und mit allerlei Perlen. Der bühnenartige Raum hinten rechts beherbergt die eigentliche Hauptszene, die Übergabe des Werkes an den Gönner und Auftraggeber der Handschrift, Herzog Philipp den Guten von Burgund, durch den Autor, der ergebenst das Knie beugt. Die beinahe farblose Ausführung ist hier keineswegs als Merkmal einer mit geringerem Aufwand hergestellten Handschrift zu verstehen. Die Grisailletechnik war zu dieser Zeit in Frankreich und im burgundischen Bereich höchst beliebt und wird hier akribisch vorgeführt. Initialen und Bordüren in starken Farben und mit Gold zeigen, daß an nichts gespart wurde. Obgleich über dem Torbogen das Wappen Philipps des Guten mit der Kette des Ordens vom Goldenen Vlies zu sehen ist, dürfte keine bestimmte, identifizierbare Residenz des Herzogs gemeint sein. Der Prolog hebt hervor, daß es für die Gegenwart durchaus nützlich sei, die Taten der Vergangenheit zu lesen, sich anzuhören und auch zu behalten und sich daran ein Beispiel zu nehmen. Die Formulierung erinnert heute auch daran, daß Bücher im Mittelalter nicht nur der stillen Lektüre dienten, häufig wurden sie einem Publikum laut vorgelesen. Bei dem stolzen Format dieser Handschrift von 42 auf 30 cm mußten den eventuellen Zuhörern auch die Bilder durchaus nicht vorenthalten bleiben.

42

Heinrich Suso, Horologium sapientiae, König Salomon erklärt das Uhrwerk der Weisheit, Paris, Bibliothèque Nationale de France, ms. fr. 455, fol. 9r, Meister der Margarete von York, Flandern 1470–1480.

Uhrmacher

Obgleich es sich hier um eine allegorische Miniatur handelt, die vor allem einen abstrakten Inhalt verbildlicht, kann die lebendige Darstellung auch als wirklichkeitsnahes Abbild einer möglichen Szenerie betrachtet werden. Das „Horologium sapientiae" wird hier wörtlich als „Uhrwerk der Weisheit" vor Augen geführt, der Uhrmacher ist kein Geringerer als König Salomon, der den Mechanismus erläutert. Dies erklärt Krone und prächtige Kleidung des Mechanikers. Die große Uhr mit Räderwerk, Gewichten, mehreren Zifferblättern und einem Schlagwerk mit Glocke könnte so durchaus in einer Kirche des ausgehenden Mittelalters stehen, vergleichbare Stücke haben sich erhalten. Hammer und Zange sowie einige kleinere Zahnräder liegen vor dem Uhrmacher auf dem Boden.
Räderuhren mit Gewichtsantrieb und Zifferblättern sind seit dem Ende des 13. Jahrhunderts bekannt. Die Erfindung der sogenannten Hemmung, zunächst einer Unruh in Form des hin und her schwingenden Waagbalkens, ermöglichte die neue Konstruktion. Zuvor waren Sonnen-, Sand- und Wasseruhren in Gebrauch, letztere auch schon mit mechanischer Übertragung des Wasserstandes mit Hilfe eines Schwimmers auf ein Zifferblatt mit Zeiger. Ab dem 11. Jahrhundert waren in Klöstern bereits Geräte im Einsatz, die es ermöglichten, mit Hilfe der anvisierten Sterne die Uhrzeit zu bestimmen. Vor allem die Notwendigkeit, die nächtlichen Gebetszeiten einzuhalten, motivierte die Benutzung solcher Instrumente. Erst die mechanische Uhr jedoch war unabhängig vom Wetter und mußte nur in relativ langen Abständen aufgezogen werden, auch wurde die Zeitmessung nun genauer. Schon um 1300 traten in italienischen Städten die ersten Turmuhren in Erscheinung. Hierdurch entstand auch ein neuer Berufsstand, der sich der Herstellung und Wartung dieser neuesten Errungenschaften der Technik widmete. Mechaniker und Techniker, die Uhrwerke und andere komplizierte Gerätschaften konstruieren konnten, gehörten auch im späten Mittelalter zu den gesuchten Spezialisten. Tischuhren waren im 15. Jahrhundert bereits verbreitet, die erste Taschenuhr sollte jedoch erst um 1510 in Nürnberg konstruiert werden.

Hanc amaui et equisiui a iuuentute mea
et quesiui eam mihi assumere sponsam. Ce sont les parolles que
salmon le sage dist en son liure de sapience ou viii.e chapitre. en quoy il dist. Jay ame
e sapience et si lay quise des en ma jeunesse pour de elle faire mon
BIBLIOTHECÆ REGIÆ

43

Marius Victorinus, Kommentar zu Ciceros „De inventione“, Gent, Universitätsbibliothek, ms. 10, fol. 69v, Flandern 2. Hälfte 15. Jahrhundert

Zeuxis malt ein Idealbild der Helena

Der griechische Maler Zeuxis (um 400 v. Chr.) war im Mittelalter zumindest dem Namen nach noch bekannt. Von ihm ist im Rahmen der Geschichte Alexanders des Großen die Rede sowie in den Schriften Ciceros. Hier ist dargestellt, wie er ein Idealbild der schönen Helena malt, also einer Gestalt der Trojasage. Der antike Maler, sein Gehilfe und die fünf Modelle erscheinen jedoch ganz und gar als Zeitgenossen des Miniators. Der hier kommentierte Text – eine Schrift zur römischen Rhetorik – enthält als Einleitung zum zweiten Buch die Anekdote, wie Zeuxis ein Bild der schönen Helena für den Junotempel von Kroton malen sollte. Als Modelle bieten ihm die Stadtbewohner zuerst ihre jungen Männer an, die für sportliche Leistungen berühmt waren. Der Maler besteht jedoch auf weiblichen Modellen und wählt sich fünf junge Frauen aus, deren Reize er zum Idealbild der Helena kombiniert. Der Hinweis in einer weiteren Schrift Ciceros, nachdem Zeuxis zu den altertümlichen Malern gehört habe, die nur vier Grundfarben verwendet hätten (Brutus XVIII, 70) wird dagegen nicht aufgenommen, denn der Maler hat eine weitaus reichere Palette zur Verfügung. Die Farben stehen in flachen Schalen angerichtet auf einem Tisch neben dem Maler zur Verwendung bereit. Im Hintergrund ist ein Gehilfe zu sehen, der die Farbe auf einer Steinplatte mit dem „Läufer“ anreibt, also flüssiges Bindemittel und Farbpigment in Pulverform durch Reiben vermischt und zu einer homogenen, geschmeidigen Malfarbe verarbeitet. Dieser Vorgang der Farbzubereitung sollte noch bis um die Mitte des 19. Jahrhunderts zum Alltag der Malerateliers gehören. Die Arbeit an einer hölzernen Bildtafel, die schon vor der Bemalung gerahmt wurde, gehört jedoch in die Werkstattpraxis des Mittelalters. Die Grundierung von Rahmen und Malfläche sowie Vergoldungen im Bild und am Rahmen konnten so in gemeinsamen Arbeitsgängen ausgeführt werden.

Der Maler arbeitet hier nicht in seiner Werkstatt, sondern im hohen Saal eines Palastes. Die Öffnung der Wand dient lediglich dazu, eine Darstellung der sportlichen Jünglinge von Kroton im Freien mit der Innenraumansicht in einer Miniatur zu kombinieren. Es handelt sich dabei also nicht um ein realitätsnah dargestelltes Element. Die Methode, Wände auch willkürlich zu öffnen, wenn dies die Umsetzung des Themas erleichterte, war in der spätmittelalterlichen Malerei durchaus geläufig (vgl. Taf. 41). Der Miniator nutzte das Karomuster der Fußbodenfliesen, um die Raumtiefe perspektivisch wirkungsvoll darzustellen. Allerdings ist ihm die geometrisch korrekte Konstruktion der Fluchtlinien nicht vertraut, so erscheint der Fußboden zu wenig verkürzt, als sei er nach vorne hin abschüssig – ein typisches Merkmal solcher Raumdarstellungen des 15. Jahrhunderts aus dem Norden Europas.

44

Hausbuch der Mendelschen Zwölfbrüderstiftung, Nürnberg, Stadtbibliothek, Amb. 317.2°, M I, fol. 95r, Nürnberg 1475

Koch

Die Darstellung eines Kochherdes aus dem Jahr 1475 zeigt eine Konstruktion, wie sie wohl in einem städtischen Wohnhaus des 14. und 15. Jahrhunderts in Deutschland anzutreffen war. Im Gegensatz zu der im venezianischen „Tacuinum sanitatis" abgebildeten Käserei (Taf. 52), wo sich die Feuerstelle unmittelbar auf dem Fußboden befindet, ist hier ein etwa kniehoher Herd zu sehen, der auf breiten Bögen ruht. Diese Ausführung war nicht nur für die Zubereitung des Essens in normalen Kochtöpfen bequemer, da sich der Koch nicht immer bücken mußte, sie dürfte auch mit der nun üblichen Lage der Kochstelle im Haus in Zusammenhang stehen. Während sich bis ins 13. Jahrhundert auch in städtischen Wohnhäusern die Feuerstelle für Kochen und Heizung im Erdgeschoß, zumeist direkt auf dem Erdboden, und mitten im Raum befand, verlegte man sie später zunehmend in den ersten Stock des Hauses und an eine Wand des Raumes. Grund war die Raumnot in den Städten, die dazu zwang, in die Höhe zu bauen und wohl auch der Wunsch nach mehr Wohnkomfort mit mehreren, nach Funktionen getrennten Räumen. Das Erdgeschoß blieb dann vor allem der Werkstatt, dem Laden oder auch dem Warenlager vorbehalten. In den oberen Stockwerken aber fiel die einfachste Variante der Feuerstelle auf dem Fußboden als Möglichkeit schon deshalb weg, weil Decke und Boden aus Holz bestanden und Feuerschutz benötigten. Auch die Wand hinter dem Herd mußte besonders vor der Hitze geschützt werden. Ein Rauchabzug mit Haube und Kamin oder Abzugsloch in der Wand war nun auch die Regel, hier ist davon nichts zu sehen. Ob man sich den Rauchabzug durch eine Öffnung in der Wand links vorstellen muß oder ob sich der Rauch einen Weg durch Fenster und Ritzen suchen mußte, bleibt offen. Auch mit einer Nachlässigkeit des Zeichners muß man bei diesem Detail rechnen.

Zu sehen sind jedoch der an einer Kette über dem Feuer hängende eiserne Kessel und vier der üblichen tönernen Kochtöpfe. Da der Kessel teuer war, hatte man wahrscheinlich in normalen Haushalten nur einen. Tontöpfe, die man direkt ins Feuer stellte, waren das normale, alltägliche und preiswerte Kochgeschirr. Die bei Grabungen gefundenen Töpfe sind oftmals unten rund, mußten also zwischen Steinen oder den Holzscheiten abgestützt werden. Daneben waren im späteren Mittelalter dreibeinige tönerne Kochgefäße (Grappen) in Gebrauch, die man direkt über die Glut stellen konnte, die sich so besser nutzen ließ. Der Koch ist hier gleichzeitig mit dem Kochen und der Unterhaltung des Feuers beschäftigt. Links neben dem Herd steht ein hoher, aus Dauben und Reifen gefertigter Bottich, der wohl den Wasservorrat für die Küche enthält.

Die Beischrift weist darauf hin, daß der Abgebildete, Wilhelm, viele Jahre als Koch im Pfarrhof von St. Lorenz in Nürnberg beschäftigt war. Seinen Lebensabend verbrachte er dort in der Mendelschen Zwölfbrüderstiftung, wo er 1475 verstarb.

45

Hausbuch der Mendelschen Zwölfbrüderstiftung, Nürnberg, Stadtbibliothek, Amb. 317.2°, M I, fol. 96r, Nürnberg 1476

Flickschuster in seiner Werkstatt

Neben den Schuhmachern, die neue Schuhe herstellten, sind in den mittelalterlichen Städten auch Flickschuster und sogenannte „Altmacher" bezeugt. Während Flickschuster die Schuhe ihrer Kunden reparierten, kauften die Altmacher getragene Schuhe, arbeiteten sie auf und verkauften sie wieder – zumeist an ärmere Leute. Beide Berufsstände genossen kein besonders hohes Ansehen, obwohl sie eine wichtige Funktion im Wirtschaftsleben erfüllten. Die schlechten Wege, wenig widerstandsfähige Materialien und die Tatsache, daß sehr viele Menschen auch größere Strecken zu Fuß gehen mußten, führten zu einem hohen Schuhverbrauch. Zum Teil wissen wir aus schriftlichen Quellen, daß Knechte zu ihrem Lohn drei bis acht Paar Schuhe im Jahr bekamen. Wer es sich nicht leisten konnte, ständig neue Schuhe zu kaufen, ließ die alten mehrmals flicken oder flickte sie selbst so gut es ging.

Die Werkstatt mit einem Arbeitstisch mit schräger Platte, einem dreibeinigen Schemel und einem Fenster mit Auslage scheint nicht sehr geräumig zu sein. An Werkzeugen sieht man eine Ahle und das Ledermesser mit gebogener Schneide und mit einer kräftigen Spitze auf dem Tisch liegen. Auf dem Boden und in einer Halterung an der Wand sind Schuhsohlen zu erkennen. Zwischen den Knien hält der Dargestellte einen Schuh, an dem er eine Doppelnaht ausführt, indem er den Faden nach beiden Seiten festzieht. Auf dem Tisch sieht man weitere gebrauchte Schuhe, die auf ihre Reparatur warten, die Schuhe im Fenster dürften dagegen bereits fertig und abholbereit sein.

Allerdings sehen wir den Schuster nicht in seiner eigenen Werkstatt, sondern in einem Raum der „Zwölfbrüderstiftung". Die 1388 von Konrad Mendel dem Älteren in Nürnberg gegründete Stiftung bot bedürftigen, alten und kranken Handwerkern Heim, Werkstatt und Auskommen.

Anno m cccc vnd im lxxvj jar am montag noch sandt
barbra tag do starb ott norlinger ein altreuss der
xii brüder 193
96

46

Proverbes en rimes, Baltimore, Walters Art Gallery, Ms. W. 313, fol. 10v, Savoyen um 1480

Herstellung eines Kettenhemdes

Kettenhemden beziehungsweise allgemein Kleidungsstücke mit Ringelpanzer gehören zu den frühesten und verbreitetsten Ausrüstungsstücken für den bewaffneten Kampf im Mittelalter. Sie wurden schon von den Kelten hergestellt, von denen die Römer diese Technik übernahmen. Häufig sind sie auch auf Bildern zu erkennen, so schon auf dem Teppich von Bayeux, der die Eroberung Englands durch die Normannen im Jahr 1066 zeigt. Zusammen mit einer darunterliegenden Polsterung aus Stoff oder Leder bot der Kettenpanzer einen ganz guten Schutz gegen Hiebe mit der Schwertklinge oder ähnlichen Waffen, konnte rundum schützen und schränkte die Bewegungsfreiheit nur wenig ein. Gegen Stiche und scharfe Geschoße schützte er jedoch nur wenig. Im späteren Mittelalter wurden die Schwerter zu schmalen Stichwaffen, auch spitze Dolche wurden für den Zweck gefertigt, den Ringelpanzer zu durchdringen. Bogen- und schließlich Armbrustschützen gewannen seit den schottischen Kriegen der englischen Könige und dem Beginn des 100jährigen Krieges auch auf dem Kontinent an Bedeutung. Daher wurde ab dem frühen 14. Jahrhundert der Kettenpanzer, zunächst im Brustbereich, durch andere Materialien verstärkt. Schließlich entwickelte man im späteren 14. und im 15. Jahrhundert die umfassendere Panzerung mit Eisenplatten, die zu der bekannten, den ganzen Körper umfassenden „Ritterrüstung“ führte. Kettenpanzerung benutzte man jedoch weiterhin für Hände und Füße sowie für leichte und weniger kostspielige Ausrüstungen. In Italien verwendete man im 15. Jahrhundert auch Panzerhemden aus zwei Lagen mit sehr feinen Ringen.

Wie Schwertfeger, Messerschmiede und später vor allem die Plattner waren auch die Hersteller von Kettenpanzerungen, „Ringer“ oder „Rinker“, hochspezialisierte Handwerker. Die Stücke bestanden aus vielfach miteinander verflochtenen, eisernen Ringen, die Stück für Stück gefertigt und schließlich präzise auf genau festgelegte Weise ineinandergefügt werden mußten. Es gab verschiedene Methoden, die Ringe zu schließen, man konnte sie einzeln verschweißen oder aber vernieten. Beides war arbeitsaufwendig und erforderte handwerkliches Können.

Das Bild hier zeigt den Rinker an seinem Arbeitstisch, wo er mit einer Zange damit beschäftigt ist, weitere Ringe in das schon vorhandene Kettengewebe einzufügen. Ein kleiner Amboß und ein Hämmerchen vervollständigen sein Werkzeug. Beide ähneln den Gerätschaften, die auch Goldschmiede für die Anfertigung von Fingerringen verwenden. Da keine Esse dargestellt wird, kann man vermuten, daß der Zeichner davon ausging, daß die Ringe kalt, also durch Vernieten, geschlossen werden. Hinter dem Arbeitenden schließlich hängt ein fertiges Stück über einer Stange zum Verkauf.

Die sorgfältige und recht lebendige Zeichnung findet sich in einer Handschrift, die im späteren 15. Jahrhundert in Savoyen entstand. Sie enthält Sprichwörter in französischen Versen und insgesamt 182 Illustrationen zur Veranschaulichung des Textes und zur Unterhaltung des Lesers. Die Miniatur veranschaulicht das Sprichwort: „de maille aprés maille se fit le haubergon“ (einen Ring nach dem anderen macht man ein Kettenhemd) – wohl so zu verstehen, daß viele kleine Schritte letztlich zum Ziel führen.[33]

[33] Zur Handschrift: Lilian M. C. Randall, Medieval and Renaissance Manuscripts in the Walters Art Gallery, Bd. 2: France, 1420–1540, Part 2, Baltimore/ London 1992, S. 366-375; Grace Frank/ Dorothy Miner, Proverbes en rimes: Text and Illustrations of the Fifteenth Century from a French Manuscript in the Walters Art Gallery, Baltimore, Baltimore 1937, S. 6–28, 42.

Lacte

Celluy qui veult soustenir
Ses enfans de vitaille
Doit tousjours besoignier
Affin quargent en saille
Du peu gaignier ne chaille
Al ouvrier sil est bon
Car de maille apres maille
Se fait le haubergon

47

Proverbes en rimes, Baltimore, Walters Art Gallery, Ms. W. 313, fol. 41r, Savoyen um 1480

Straßenverkäufer mit Bauchladen

Die Palette der Händler und Kaufleute reicht vom international agierenden Handels- und Bankhaus mit zahlreichen Niederlassungen bis zum Kleinsthändler, der noch nicht einmal über einen Verkaufsstand verfügt. Besonders kleine und billige Bedarfsartikel werden bis in die Moderne auch von „fliegenden Händlern“ auf den Straßen vertrieben. Dem geringen Aufwand stehen dabei über die Jahrhunderte hinweg auch geringe Gewinne gegenüber. Die Zeichnung aus dem späten 15. Jahrhundert zeigt einen Mann in groben Schuhen, der an einem Schulterriemen einen flachen Kasten als „Bauchladen“ vor sich trägt, der ihm zugleich als Schaufenster und mobile Ladentheke dient. Das Bild illustriert ein französisches Sprichwort, das hier in gereimter Form auftritt. „Selon l'ane le bât/ doit être et la pesance/ qu'il ne la jette bas/ pour avoir alegance. / Chascun sait sa vaillance,/ car a petit mercyer/ qui n'a pas grande puissance,/ affiert petit pannier (Beim Esel braucht es Schläge, damit er seine Last nicht abwirft, um es sich leichter zu machen. Jeder kennt seine eigenen Grenzen und der Kleinhändler, der keine großen Möglichkeiten hat, trägt einen kleinen Korb). Der Verfasser plädiert auch hier für weise Selbstbeschränkung. Niemand soll sich mehr vornehmen, als er auch bewältigen kann. Der sprichwörtliche Kleingewerbetreibende scheint hier mit Bändern und anderen Kurzwaren zu handeln.[34]

[34] Grace Frank/ Dorothy Miner, Proverbes en rimes: Text and Illustrations of the Fifteenth Century from a French Manuscript in the Walters Art Gallery, Baltimore, Baltimore 1937, S. 6–28, 57 (Text).

Selon lasne le bat
Doit estre et la pesance
Quil ne la gette bat
Pour avoir alegance
Chun fect sa vaillance
Car a petit mercier
Qui na pas grant puissance
Affiert petit panier

48

Hausbuch der Mendelschen Zwölfbrüderstiftung, Nürnberg, Stadtbibliothek, Amb. 317.2°, M I, fol. 103v, Nürnberg 1485

Böttcher bei der Arbeit

Fässer, Bottiche, Eimer, Schalen und sogar Krüge und Becher als Trinkgefäße wurden von Böttchern aus Holz zusammengefügt. Diese aus einzelnen „Dauben" und hölzernen Böden zusammengesetzten Gefäße waren sehr verbreitet und wurden überall in großen Mengen hergestellt. Für große, wasserdichte Behälter war dies mit Sicherheit die verbreitetste Technik. Bei kleineren Stücken bestand der Vorteil gegenüber Tongefäßen im geringeren Gewicht und der Unzerbrechlichkeit. Metallgefäße waren demgegenüber erheblich teurer. Wenn es auf die äußere Stabilität nicht so ankam, konnte man Flüssigkeiten auch in ledernen „Schläuchen" aufbewahren und transportieren, Wasser wurde auch mit ledernen oder aus Leinwand gefertigten Eimern geschöpft.
Das Bild aus dem 15. Jahrhundert zeigt hier einen Böttcher in der Werkstatt. Die räumliche Enge ist wohl nicht nur auf die Darstellungsweise des Zeichners zurückzuführen. Viele Werkstätten, vor allem in den Städten, waren auf engstem Raum untergebracht. Deutlich zu erkennen ist, wie der Böttcher den unteren Reifen eines Bottichs mit Treibholz und Schlegel festklopft. Durch die erhebliche Spannung wurden die hölzernen Dauben fest aneinandergepreßt, so daß sie kein Wasser mehr durchließen. Neben einigen so gefertigten Gefäßen ist im Vordergrund ein Hackklotz mit einem Haumesser zu erkennen. Sie dienten wohl zur Herstellung der Dauben, die in der Regel durch radiales Spalten aus einem Stammstück gewonnen wurden. Auf dem Boden liegen Reifen, die bei kleinen und leicht gebauten Stücken aus Weiden- oder Haselruten bestanden, bei größeren aus biegsamem Holz oder auch aus Metall. Interessant ist hier vor allem die Darstellung einer Spannvorrichtung an der Werkbank. Links des gerade bearbeiteten Kübels sieht man einen Haken aus einem Schlitz in der Tischplatte ragen, unter dem Tisch aber erkennt man dessen unteres Ende und ein Trittpedal. Der Böttcher konnte so durch den Tritt auf das Pedal ein Brett oder sonstige Werkstücke unter dem Haken festklemmen und bearbeiten, ohne daß sie ihm wegrutschen konnten.
Daubengefäße und ihre Einzelteile finden sich bei archäologischen Grabungen oft in großer Zahl. Sie gehörten zu den preiswerteren Gefäßen. Als Material diente ausschließlich Nadelholz.

49

Technisches Kompendium, Florenz, Biblioteca Medicea Laurenziana, Cod. Plut. 89 sup. 117, fol. 20r, Florenz 1487

Färben von Seide

Die Herstellung und Verarbeitung von Seide war im späteren Mittelalter vor allem in den toskanischen Städten ein bedeutender Wirtschaftszweig. In Lucca etwa ist sie seit dem 12. Jahrhundert belegt, in späterer Zeit war Florenz dann führend. Daher wurde auch die Seidenraupenzucht besonders gefördert. Vom Anbau der benötigten Maulbeerbäume über die Zucht der Raupen bis hin zu den fertigen Stoffen war eine lange Reihe von Arbeitsschritten vonnöten. Vor allem das Färben war oft ein aufwendiger und komplizierter Prozeß, der jedoch entscheidend zum Erfolg des Endproduktes beitrug, denn vor allem starke, leuchtende Farben waren begehrt. Die „Arte della Seta", die Organisation der Seidenhändler und Produzenten, war eine der wichtigsten Zünfte in Florenz. Überhaupt spielte das Textilgewerbe eine bedeutende Rolle im Wirtschaftsleben. Hochwertige Stoffe aus Wolle, Leinen und aus Seide waren teure und begehrte Luxusgüter, mit denen sich große Gewinne erzielen ließen. Sowohl die flandrischen Städte als auch italienische Wirtschaftszentren verdankten einen erheblichen Teil ihres Reichtums der Produktion und dem Handel mit Stoffen.

Die Handschrift mit Rezepten zur Herstellung farbiger Seidengarne entstand im Jahr 1487 in Florenz. Sie gibt nicht nur recht detaillierte Anweisungen zu den jeweiligen Verfahren, sondern auch Illustrationen, die ihre Vermittlung anschaulicher gestalten. Die Darstellungen zeigen die Färber an ihren Bottichen, die jeweils mit einer integrierten Feuerung beheizt werden. Dabei werden nur jeweils recht schmale Stränge mit Stäben in die heiße Lauge getaucht. Es bedarf in der Regel mehrerer Bäder mit unterschiedlichen Ingredienzien, um die gewünschte Farbe zu erzielen. Im übrigen zeigen die Bilder, trotz ihres eher bescheidenen Anspruchs, auch die typische Kleidung und Haartracht der Zeit.

Am Ausgang des Mittelalters nimmt mit der allgemeinen Schriftlichkeit auch der Umfang und die Vielseitigkeit des Fachliteratur in Handwerk und Gewerben zu (vgl. Taf. 54–55).

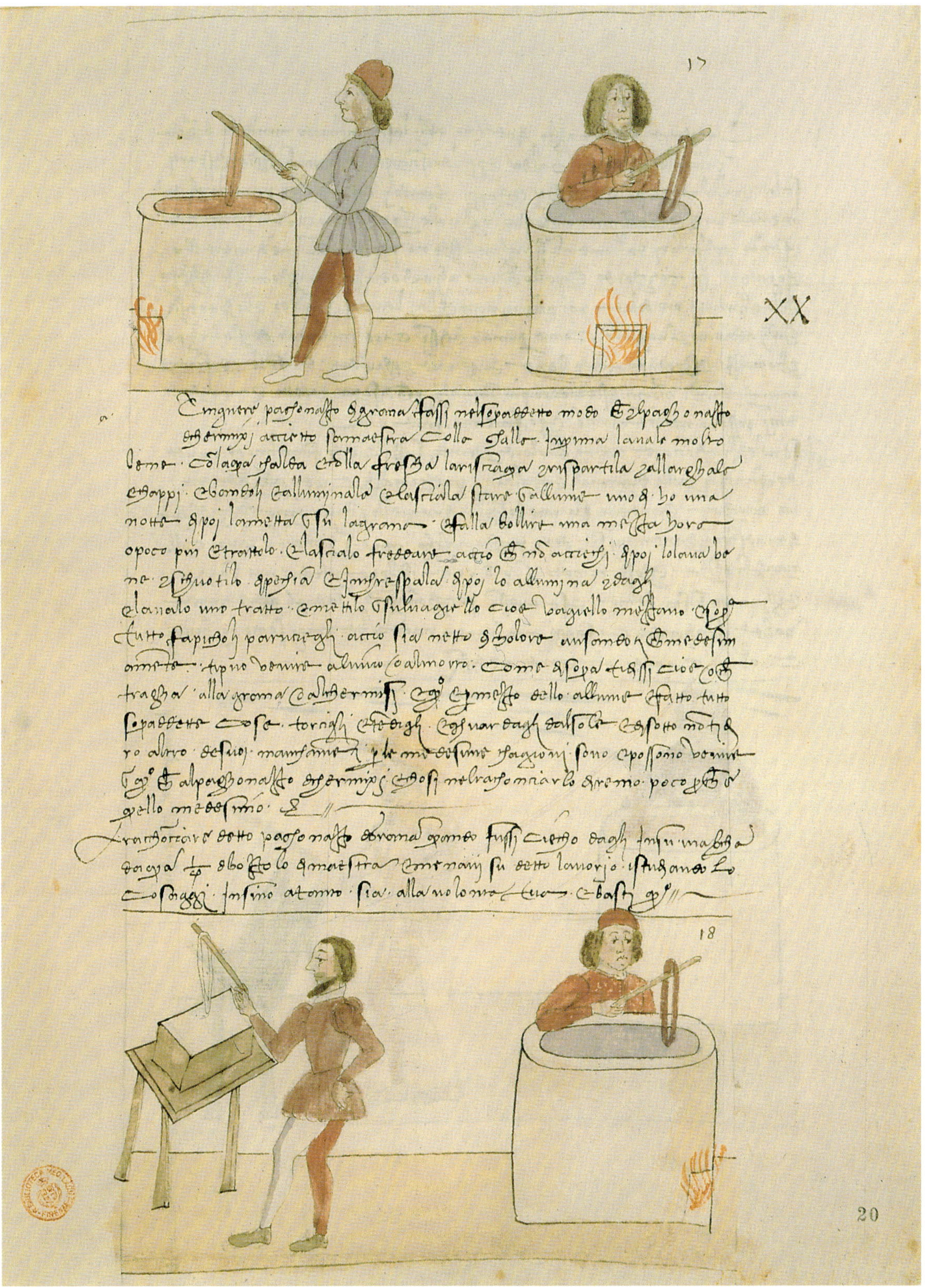
17
XX
18
20

50

Tacuinum sanitatis, Wien, Österreichische Nationalbibliothek, Cod. Sel. 78*, fol. 36v (Ausschnitt), Venedig um 1490

Schneider bei der Arbeit

Noch heute sagen wir, daß sich jemand „im Schneidersitz" niedergelassen habe. Die Herkunft der Redensart ist dabei jedoch den wenigsten bewußt. Tatsächlich saßen über Jahrhunderte die Schneider bei der Arbeit mit gekreuzten Beinen und hatten den Stoff oder das Kleidungsstück, an dem sie arbeiteten vor sich im Schoß liegen. In der Zeichnung, die am Ende des Mittelalters in Venedig entstand, sieht man darüber hinaus, daß die Schneider auf einem großen Tisch sitzen, der auch zum Zuschneiden des Stoffes geeignet erscheint. An die über den Arbeitenden hängenden Stangen können weitere Textilien gehängt werden. Zudem ist auf dem Tisch eine Schneiderpuppe mit einer Jacke oder einem Mantel zu erkennen. Ein Hilfsmittel das sich bis heute in ähnlicher Form erhalten hat. Endgültig hinfällig wurde der „Schneidersitz" als übliche Arbeitshaltung dann durch die Nähmaschine, eine Erfindung des 19. Jahrhunderts.
Anlaß für die Darstellung der Schneiderwerkstatt ist hier die Aufzählung der für die Gesundheit relevanten Eigenschaften von wollener Kleidung (vestis lanea) im „Tacuinum sanitatis". In diesem werden hauptsächlich Lebensmittel und Kräuter aufgelistet und jeweils kurz nach einem festgelegten Schema hinsichtlich ihrer gesundheitlichen Wirkungen beschrieben. Vorbild war das arabische Taqwin As-Sihha, ein Gesundheitsbuch in tabellarischer Ordnung des Arztes Ibn Bôtlan, der um die Mitte des 11. Jahrhunderts in Bagdad lebte. Am Hof des Staufers König Manfred von Sizilien (1258–1266), des Sohnes Kaiser Friedrichs II., wurde auch dieses arabische Werk übersetzt und fand so Eingang in die lateinische Kultur Europas. Dabei wurden unter anderem Illustrationen aus Herbarien (Kräuterbüchern) integriert. Im Laufe der nächsten Jahrhunderte entwickelte sich hieraus der Buchtyp des „Tacuinum (von arabisch ‚Taqwin') sanitatis", der Handschriften von unterschiedlicher Ausführlichkeit und Zusammenstellung umfaßt. Interessant am vorliegenden Abschnitt dieser venezianischen Handschrift ist auch, daß sie ganz besonders die feinen Wollstoffe aus Flandern empfiehlt, die europaweit gehandelt wurden, ein Detail, das nicht alle Versionen des Textes aufweisen.

Vestis Lanea
ature calide et sicce i
q°. melius ex eis. de
subtili lana flandrina Iuua.
defedit corp' a frigore et edu
cit calorem. Nocum. infla
mat calorem. Remo. nocu.
cu uestib' lineis subtus

51

Tacuinum sanitatis, Wien, Österreichische Nationalbibliothek, Cod. Sel. 78*, fol. 30r (Ausschnitt), Venedig um 1490

Gewinnung von Rosenwasser

Die Zeichnung aus dem Wiener Tacuinum sanitatis zeigt die Gewinnung von Rosenwasser durch Destillation von Rosenblüten. Auf einem gemauerten Herd mit entsprechenden Aufnahmen stehen hierzu drei große Retorten mit lang ausgezogenen Vorlagen, die wiederum in drei bauchige Flaschen münden. Das Destillat kondensiert dabei in den Vorlagen und rinnt in die Flaschen. Dabei ist eine Frau mit einer Magd zu erkennen, die den Vorgang überwacht. „Gebrannte Wasser“, also Destillate, haben ihren festen Platz in der Medizin des späteren Mittelalters. Die Technik des Destillierens war in der Zeit um 1100 aus dem arabischen Kulturraum nach Europa gekommen. Man konnte so die verschiedenen Heilpflanzen entweder mit Zusatz von Wasser oder, wie es auch hier für die Gewinnung besonders guten Rosenwassers empfohlen wird, trocken destillieren. Zunächst wurde mit keramischen Gefäßen gearbeitet, Glaskolben konnten erst später verwendet werden. Um die Hitze gleichmäßiger zu übertragen, standen die Kolben meist nicht unmittelbar auf dem Feuer, sondern in einem Sand- oder Wasserbad. Daß man auf diesem Wege auch alkoholische Getränke oder vergorene Früchte zu hochprozentigen „Wassern“ verarbeiten konnte, blieb nicht lange verborgen. Zunächst waren die so gewonnenen Alkoholika jedoch als Heil- und Stärkungsmittel gedacht, denen man überaus positive Wirkungen zutraute. Man sprach bei diesen Bränden von „aqua vitae“ (wörtlich „Lebenswasser“), eine Bezeichnung, die sich bis heute in dem Namen „Aquavit“ erhalten hat. Das Rosenwasser jedoch findet eher kosmetische Anwendung, hier wird es für die Pflege der Haut empfohlen. Vermutlich liegt die Herstellung deshalb hier in den Händen von Frauen und nicht in der Obhut eines (männlichen) Apothekers.

Aqua rosacea
ature frigida & si-
cca. melius ex ea.
que fit ex sublimatione absq.
aqua. Iuvamentum confert u-
tutibus et instrumentis eaa.
Nocumentum exasperat
pectus Remo. nocumenti cu-
candis et Iulep.

52

Tacuinum sanitatis, Wien, Österreichische Nationalbibliothek, Cod. Sel. 78*, fol. 20r, Venedig um 1490

Käserei

Die vier Zeichnungen aus einer in Venedig entstandenen Handschrift des Tacuinum sanitatis zeigen handwerkliche Tätigkeiten aus dem landwirtschaftlichen Bereich, die Herstellung von Butter, Quark und zweier Käsesorten.

Der Frischkäse (caseus recens) wird, wie hier in der oberen Darstellung zu sehen, in einem großen Kessel erhitzt. Das Feuer hierzu wurde in diesem Falle unmittelbar auf dem Fußboden der Küche entfacht, der Kessel hängt an einem eisernen Haken unter einem großen Rauchfang. Eine derartige, ebenso einfache wie effiziente Einrichtung bot sich vor allem dort an, wo große Mengen gekocht wurden, also in den Küchen von Schlössern und Herrenhäusern, von Klöstern und Hospitälern, aber offenbar auch dort, wo große Mengen Milch zu Käse verarbeitet wurden. Der Text empfiehlt, man solle nur Milch von gesunden Tieren verarbeiten. Daß der reichliche Genuß von gehaltvollem Käse dazu führen kann, daß man Fett ansetzt, wird hier, in einer Epoche, die den Nahrungsmangel nur zu gut kannte, als positive Eigenschaft angeführt.

Die darunterliegende Szene zeigt zwei Männer beim Verkosten von Hartkäse, der hinter ihnen in großen Laiben auf Regalböden zum Reifen liegt. Am besten sei der fette und schmackhafte Käse, informiert der Text, man solle ihn bei den Mahlzeiten zwischen den Gängen genießen. In der Einordnung aller aufgelisteten Stoffe nach ihren Grundeigenschaften, warm oder kalt, feucht oder trocken, unterscheiden sich hier Frisch- und Hartkäse. Während der erste als kalt und feucht eingestuft wird, ist der Hartkäse warm und trocken.

Recocta.

aturae fri. et hum. me
lius ex ea de puro lacte
et recenti. Iuuam nutrit cor
pus et ipinguat. Nocu oppilat
et grauat stomachu. et e diffi
cilis digestiois et iducit colica.
Re. noc. cu butyro et melle.

Butyrum

aturę calidę et hum.
meli' ex eo de lacte p
corino Iuua. educat supfluita
tes pulmois gnatas p frigidita
te et siccitate Noc. hebetat stomachu Re. no. cu reb stipticis

39

Caseus recens

aturae frigidę et hu
midae melius ex eo.
tempati lactis et aialis sani
Iuuam mollificat corpus et
impinguat Nocum. oppilat.
Remotio nocumti cu nucib
Amygdalis. et melle.

Caseus vetus

aturę calidę et siccę. me
lius ex eo. unctuosus sa
porosus Iuuam. assus sedat +
fluxu. Nocum. lapidi & reni
b Remotio nocumti cum
comedit int duo fercula.

53

Ambraser Heldenbuch, Wien, Österreichische Nationalbibliothek, Cod. Vindob. S.N. 2663, fol. 235v (Ausschnitt), Südtirol 1504–1517

Briefbote

Ein durchorganisiertes Postsystem, mit dessen Hilfe jeder Briefe oder andere Sendungen verschicken konnte, kannte das Mittelalter genausowenig wie die frühe Neuzeit. Während Herrscher und wohlhabendere Adelige und schließlich auch reiche Kaufleute und Handelshäuser über eigene Boten verfügten oder solche bei Bedarf in ihren Dienst nehmen konnten, mußte der Rest der Bevölkerung auf andere Möglichkeiten zurückgreifen. Vor allem reisende Kaufleute konnten Briefe befördern, aber prinzipiell auch jeder andere Reisende. Ob der Bote seinen Lohn vom Absender oder vom Empfänger erhielt, war unterschiedlich und wurde oft außen auf dem Schreiben vermerkt.

Im frühen und hohen Mittelalter war der Kreis derjenigen, die überhaupt lesen und schreiben konnten, begrenzt, entsprechend gering muß man wohl das Briefaufkommen dieser Jahrhunderte ansetzen, wenngleich wir aus dieser Zeit eine Vielzahl von Briefen erhalten haben. Sie sind in der Regel jedoch literarische Werke, nicht nur private Mitteilungen und liegen uns heute zumeist als Abschriften vor. Als im Laufe des späteren Mittelalters die Alphabetisierung voranschritt und Papier als relativ preiswertes Material zur Verfügung stand, wuchs auch die Zahl der Briefschreiber stark an. Zumal von den humanistisch Gebildeten des späten Mittelalters haben sich oftmals große Mengen von sorgfältig verfaßten Schreiben erhalten, etwa von dem zeitweiligen kaiserlichen Sekretär und späteren Papst Enea Sylvio Piccolomini (Papst Pius II.).

Der hier in einer Randillustration dargestellte Briefbote muß wohl als herrschaftlicher Bediensteter verstanden werden. Die relativ aufwendige Kleidung mit blauem Hut und langer blauer Jacke ist wohl eine Livrée, d. h. eine vom Dienstherrn gestellte Kleidung, die den Träger als seinen Diener kennzeichnete. Die Bewaffnung mit einem Spieß dürfte ebenfalls auf einen herrschaftlichen „Lauffer" deuten. Wie hier deutlich zu sehen, wurden Briefe in der Regel nicht in einen Umschlag gesteckt, sondern mehrfach gefaltet und mit einem Siegel verschlossen. Große Handelshäuser wie die der Welser und der Fugger verfügten über zahlreiche Niederlassungen sowie über eine eigene Infrastruktur für Transport und Information. So war die schnelle Kommunikation über lange Strecken gewährleistet – auch damals unabdingbar für die Bewältigung umfangreicher und oft mit Risiken behafteter Geschäfte.

Im Gegensatz zu den meisten anderen Illustrationen der Handschrift besteht hier ein direkter Bezug zum Text: Das Gedicht vom Priester Johannes erzählt von einem Brief, dessen Bote hier dargestellt wird.

54

Kaufmannsbuch, Wolfenbüttel, Herzog August Bibliothek, Cod. Guelf. 18.4 Aug. 4°, fol. 232r, Süddeutschland 1511

Kaufleute vor der venezianischen Zollbehörde

Die Darstellung aus dem süddeutschen Kaufmannsbuch ist nur eine von 20 derartigen Szenen. Das Kompendium behandelt alle technischen Aspekte des Fernhandels am Ausgang des Mittelalters. So werden den verschiedenen Maßen und Gewichten viele Seiten und umfangreiche Tabellen gewidmet. Die Maße unterschieden sich nicht nur von Stadt zu Stadt und von Land zu Land, sondern auch je nach der abzumessenden Ware. Getreide wurde nach anderen Hohlmaßen gemessen als Wein, Seidenstoffe unter Umständen nach anderen Einheiten als Wolltuch. All das mußte der angehende Kaufmann lernen. Breiten Raum nehmen die ganzen Nebenkosten des Handels ein. Es muß Verpackungsmaterial gekauft werden: Fässer, Stoff und Schnur für Ballen, Riemen zur Befestigung. Auch die Beherbergung unterwegs und spezialisierte Transportleute, etwa Maultiertreiber für die Überquerung der Alpenpässe, wollten bezahlt werden. Schließlich finden sich umfangreiche Informationen zum Umgang mit den Behörden vor Ort, besonders in den wichtigen Handelszentren.

Die Darstellung zeigt den Kaufmann vor der venezianischen Zoll- und Steuerbehörde. Auch wenn im ausgehenden Mittelalter durch Zollverbände und die zunehmende Bildung von Territorialstaaten nicht mehr ganz so viele Zollstationen zu bewältigen waren wie in der Zeit davor, waren Zölle doch wichtige Faktoren, die man kennen mußte, um keine Verluste einzufahren. Venedig als nach wie vor wichtigster Umschlagplatz für die Waren aus dem östlichen Mittelmeer und dem Orient wie auch für die eigenen Exporte in diese Gebiete war dabei zweifellos von entscheidender Bedeutung. Aber das heute im niedersächsischen Wolfenbüttel aufbewahrte Kaufmannsbuch gibt auch Hinweise zum Handel in Frankfurt, Augsburg, Nürnberg oder Wien.

232.

55

Kaufmannsbuch, Wolfenbüttel, Herzog August Bibliothek, Cod. Guelf. 18.4 Aug. 4°, fol. 135r, Süddeutschland 1511

Apotheker

Die Darstellung einer Apotheke aus der Zeit um 1500 illustriert ein Kapitel aus einem Kaufmannsbuch, also einem Kompendium für angehende Fernhändler und Großkaufleute. Dies mag zunächst erstaunen, doch verkauften Apotheker durchaus nicht nur Medikamente im engeren Sinne. Auch die nötigen Rohmaterialien und viele andere Stoffe, die in kleinen Mengen gehandelt wurden und meist kostbar waren, gehörten zu ihrem Sortiment. Die Apotheke war gleichzeitig eine Drogerie und oft auch ein Geschäft für Künstlerbedarf, denn die kostbaren Farbstoffe wie das „Lasurblau“ aus afghanischem Lapislazuli oder das ins Rotviolette spielende „Brasilholz“, das über Alexandria vor allem aus Ceylon importiert wurde, gehörten ebenfalls zum Sortiment. Dazu kamen Stoffe wie Gummi arabicum oder Mastix, die als Bindemittel für Malfarben und auch in der Kosmetik Verwendung fanden.
Für diese Stoffe und für die exotischen Gewürze wie Pfeffer, Ingwer und Muskat waren besondere Maß- und Gewichtseinheiten in Gebrauch, die ein Kaufmann kennen mußte. Mit der Ladentheke und den Regalen unterschied sich eine Apotheke in Aussehen und Einrichtung nicht prinzipiell von anderen Läden. Typisch ist der Gehilfe am Mörser, ihn finden wir in den meisten Apothekerdarstellungen der Epoche. Bis heute hat sich der Mörser als typisches Werkzeug des Apothekers aus alter Zeit im Bewußtsein erhalten. Mit den Apothekergefäßen auf langen Borden hat das Erscheinungsbild der spätmittelalterlichen Apotheke schon viel mit dem Bild des Apothekers gemeinsam, wie man es aus den späteren Jahrhunderten kennt.

Literatur

Allgemein:

Hartmut Boockmann, Das Mittelalter. Ein Lesebuch aus Texten und Zeugnissen des 6. bis 16. Jahrhunderts, 3. Aufl. München 1997

Buchmalerei:

Jonathan J. G. Alexander, Medieval Illuminators and their methods of work, New Haven 1992

Christopher DeHamel, A History of Illuminated Manuscripts, Oxford 1986

Franz Unterkircher, Die Buchmalerei. Entwicklung, Technik, Eigenart, Wien/ München 1974

Claudia List/Wilhelm Blum, Buchkunst des Mittelalters: ein illustriertes Handbuch, Stuttgart 1994

Otto Pächt, Buchmalerei des Mittelalters, eine Einführung, hrsg. von Dagmar Thoss und Ulrike Jenni, 4. Aufl. München 2000

Richard H. Rouse/Mary A. Rouse, Illiterati et uxorati. Manuscripts and their Makers. Commercial Book Producers in Medieval Paris 1200–1500, 2 Bde., Turnhout 2000

Ernst Günther Grimme, Die Geschichte der abendländischen Buchmalerei, Köln 1980

Technik der Buchmalerei:

Heinz Roosen-Runge, Buchmalerei, in: Reclams Handbuch der künstlerischen Techniken, Bd. 1, 2. Aufl. Stuttgart 1988, S. 55–123

Handwerk:

Hans Huth, Künstler und Werkstatt der Spätgotik, 2. erweiterte Aufl. Darmstadt 1967

Von Schmieden, Würflern und Schreinern. Städtisches Handwerk im Mittelalter. Beiträge des ersten Kolloquiums des Arbeitskreises zur archäologischen Erforschung des mittelalterlichen Handwerks, zusammengestellt von Ralf Röber, Stuttgart 1999 (ALManach 4, hrsg. vom Archäologischen Landesmuseum Baden-Württemberg)

Spätmittelalter am Oberrhein. Alltag, Handwerk und Handel 1350–1525, Ausstellungskatalog Badisches Landesmuseum Karlsruhe, 2 Bde., Stuttgart 2001

Kaufleute:

Jacques Le Goff, Kaufleute und Bankiers im Mittelalter, aus dem Französischen von Friedel Weinert, Frankfurt 1989

Heribert R. Brennig, Der Kaufmann im Mittelalter. Literatur - Wirtschaft - Gesellschaft, Pfaffenweiler 1993 (Bibliothek der historischen Forschung 5)

Iris Origo, „Im Namen Gottes und des Geschäfts". Lebensbild eines toskanischen Kaufmanns der Frührenaissance. Francesco di Marco Datini 1335–1410, München 1985

Faksimiles:
Vergilius Vaticanus, Codex Vaticanus lat. 3225, Faksimile, Graz 1980
Reiner Musterbuch, aus Codex Vindobonensis 507, Faksimile, Graz 1979
Tacuinum Sanitatis in Medicina, Codex Vindobonensis S.N. 2644, Faksimile, Graz 1966
Tacuinum Sanitatis, Codex Vindobonensis 2396, Faksimile, Graz 1984
Wenzelsbibel, Codices Vindobonenses 2759–2764, Faksimile, 9 Bde., Graz 1981–1991
Das Gebetbuch Karls des Kühnen, vel potius Das Stundenbuch der Maria von Burgund, Codex Vindobonensis 1857, Faksimile, Graz 1968
Gaston Phoebus, Livre de la chasse, Paris, Bibliothèque Nationale, ms. fr. 616, Faksimile, Graz 1976
Ambraser Heldenbuch, Codex Vindobonensis, S.N. 2663, Faksimile, Graz 1973
Hausbuch der Mendelschen Zwölfbrüderstiftung zu Nürnberg. Deutsche Handwerkerbilder des 15. und 16. Jahrhunderts, hrsg. von Wilhelm Treue u. a., 2 Bde., München 1965